U0922742

图书在版编目(CIP)数据

外汇交易指南 /(法)皮埃尔·安东尼·杜索里尔;赖岸林,范懿君译. -- 太原;山西人民出版社,2011. 6

ISBN 978-7-203-07278-2

Ⅰ. ①外… Ⅱ. ①杜…②赖… Ⅲ. ①外汇交易 - 指南 Ⅳ. ①F830.92-62

中国版本图书馆 CIP 数据核字(2011)第 080297 号

著作权合同登记号:04-2011-012 号

Translate from French original title: Guide Complet du Forex –2° *é dition*

外汇交易指南

著　　者:(法)皮埃尔·安东尼·杜索里尔
译　　者:赖岸林,范懿君
责任编辑:贺权
装帧设计:蒋宏工作室

出 版 者:山西出版集团·山西人民出版社
地　　址:太原市建设南路 21 号
邮　　编:030012
发行营销:0351-4922220 4955996 4956039
0351-4922127 (传真) 4956038 (邮购)
E - mail:sxskcb@163.com 发行部
sxskcb@126.com 总编室
网　　址:www.sxskcb.com

经 销 者:山西出版集团·山西人民出版社
承 印 者:三河市航远印刷有限公司

开　本:787mm × 1092mm 1/16
印　张:16.5
字　数:260 千字
版　次:2011 年 6 月第 1 版
印　次:2013年7月第2次印刷
书　号:978-7-203-07278-2
定　价:48.00 元

热议

“对想要了解外汇市场的人来说，这本书是完美的。它提供了让我们理解外汇市场运作的必要信息。每个汇市新手的书桌上都应该有一本 Pierre-Antoine Dusoulier 的书。”

盛宝银行联合首席执行官 Lars Seier Christensen

“在我看过的众多的英文汇市工具书中，这本书的水平远在那些书之上。Pierre-Antoine 很善于从他伦敦的外汇交易生涯中总结经验。他给我们带来了许多其他教材所没有的实用例子。无论是新手或者职业汇市交易员，这本书都是必不可少的教材。这本书能让你节省在汇市交易学习上的庞大开支。”

Drew Niv，福汇（FXCM）首席执行官

法国《投资》季刊 2008 年

《外汇指导大全》全面的指导手册，无论是汇市新手或是专业人士，都能从本书中获益，成功体验外汇市场中的无限机遇。本书旨在向交易者们提供明晰完整的方法学，以此陪伴他们在外汇市场中起步和实践。

本书不仅仅是一本教材，他还力图打破人们对于汇市晦涩难懂的迷思。

《外汇指导大全》主要包括四个章节。

(一)外汇交易和外汇市场的概念

(二)如何在市场上进行投机和市场的运作原理

(三)学习如何分析和理解外汇市场

(四)通过优化投资货币组合实现获利

法国知名金融日报《LaTribune》2008 年一月 4 日

想要对外汇有个全面的了解么,比如日元,美元,英镑和等等货币。在阅读完《外汇指导大全》之后,您将对这些货币无所不知,它将帮你轻轻松松的成为专业交易员。

《金融生活》2007 年 12 月

许多人向我们提问应该如何投资外汇市场以及有助于了解其运作原理的参考书目有哪些,的确短短三年里,外汇市场的交易徒增了 70%。根据 BRI(国际交易银行)统计,2007 年,有 10%的投资额度来自于个体投资者(相较于 2004 年的)。得益于网络的发展,普罗大众也可以进入外汇市场进行交易,对于新进场的投资者来说,则是一个全球化和流动性的市场,除此之外,还有其他的优点。外汇交易无需了解太多复杂的技术原理,资金门槛低而收益却可能相当可观。尤其是外汇市场被认为是公正透明的金融市场。最后,以操作性来说,外汇市场是一个星期运作五天,24 小时不间断的市场。《外汇交易指导大全》旨在指导汇市新手如何进行交易投资。书中囊括了所有专业外汇交易员的窍门。作者意图通过向读者提供一套清晰完整的方法学,以便陪伴他们在汇市交易中起步及逐步成长。

借助于对汇市交易需知关键步骤的演示和剖析,作者希望能够打破大众对于汇市异常深奥的误解,读者可以在本书中对汇市有一个详尽的了解以及学习到如何在汇市中进行投资的理解分析。

序言一

有人说，外汇市场像是个喝醉酒的醉汉。

说市场像是个醉汉，是觉得走势有时跌跌撞撞、踉踉跄跄、忽左忽右、时快时慢。市场有趋势，像个钟摆似的晃荡着，在作用力和反作用力的拉扯下，最后越走越偏，产生了趋势。当重心偏移到临界点(支撑或阻力)时，眼看要跌倒了，就会自发性地反向拉回。全部拉回，叫做V型反转，部分拉回，叫做黄金比例。反正，坊间的名嘴、网上的名师们总有套逻辑，怎么说都说得通。

然而，我却觉得，外汇市场更像是个难缠的女人。

一个难缠的女人可比醉汉难搞，也更难预测。我觉得，要是能够全然的看透女人，那恭喜您，您可以说是搞懂这世界基本的运行逻辑了。女人不但心思难猜、心意难懂，更别说那种隐晦难懂的火星言语，搞得您碰也不是，弃也不对。这不正就是外汇市场吗？有时候，咱们一买就跌、一卖就涨、被套牢还不觉得粗心大意，还喜滋滋地觉得捡到便宜。也有时候，技术分析之后明明看来是个美娇娘，谁知转眼却变成女罗煞，吃了你还不吐骨头、削了你还不回补。对付难缠的女人，可不是随随便便的画几条线，就说她上了这里一定会态度软化，下到这里一定会自我疗伤的这么容易推理。她花你的钱，看似天经地义，你拿她的钱，绝对天方夜谭。

我很诚实的告诉您，外汇市场真的没有这么简单。这也就是我们需要像皮埃尔这样的前辈，写下他多年来对付这女人的感想与心得。没接过吻的宅男，约会前总得用上几回薄荷漱口水。上了外汇这条贼船的各位投资朋友们，皮埃尔这本长年的财经类畅销书，不敢说看了保证您赚到口袋笑、抱得美人归，但是绝对是一本您可以放在案头的外汇市场启蒙工具书，时时翻阅，应该可以少些弯路、多些财路。

在此诚意推荐

李纪纲

盛宝银行大中华区董事总经理

序言二，走下神坛的外汇交易

“昔日王谢堂前燕，飞入寻常百姓家。”

外汇交易的历史很悠久，可以追溯到19世纪初的欧洲，但直到互联网开始改变这个世界之前，外汇交易一直局限于银行为主的小圈子内，普通的个人投资者无缘参与。

对于中国的投资者，国内银行提供的带杠杆的外汇交易服务只开放了很短的时间，现在还没有恢复，因此外汇交易在国内一直笼罩着一层神秘或令人迷惑的色彩，尽管中国的上网人数已经超过了4亿，但风行于海外的网上外汇交易要成为中国投资者的选项，仍然有待于政策的一缕春风。

盛宝银行是丹麦的一家投资银行，主要提供网上投资服务。其法国分行行长 Pierre-Antoine Dusoulier 先生撰写了这本《外汇交易大全》，现由山西人民出版社组织力量翻成中文出版，这本书对于国内投资者而言，可以作为了解外汇交易的入门宝典。

国内已出版的关于外汇交易的书很多，但由海外银行外汇交易员执笔而成的，这可算作第一本。因此本书可以给读者提供一个崭新的交易员视角。

这本书的内容共有四部分，几乎涵盖了一个投资者应该了解的方方面面，完全胜任作为一本入门级的经典图书。至于更深入的知识,读者可以从其它书籍中汲取。

外文书籍进入中文市场,往往因翻译的问题丧失其神采。但通观本书,文笔流畅,文气统一,术语精到而简练,令人读来无生涩之感,可以说是一本比较舒服好读的书。

我多年从事外汇交易,在此过程中读了几乎所有能找到的相关书籍,很多书让我受益良多。经验告诉我,一本经典的书可以节约读者大量的时间和精力,因此,我愿意推荐这本书给有兴趣了解外汇交易的读者,希望可以帮助读者免于皓首穷经之苦。

互联网的发展,催生了网上交易这样一种全新的投资方式,让历来神秘的外汇交易走下神坛,进入普罗大众的视野,日本甚至出现了由家庭妇女组成的“太太炒汇团”。相信假以时日,中国的外汇投资者群体也将高速发展,成为国际金融市场的新生力量。

原书序
为什么选择这本书?

在伦敦做交易员的时候，我发现身边的许多英国同事除了拥有股票交易账户之外，他们还在熟悉的外汇经纪那里开设了外汇交易账户。当然，日交易量高达3万5千亿美元的汇市，是每个投资者向往的市场。

另外，在外汇市场里的所有参与者，每个人获得的信息都是对等的。也就是说个人投资者在汇市里，有着和专业投资者同样的“武器”。外汇市场这个信息对称的特点是所有其他市场所不具备的。很自然地，这个独特的金融市场深深地吸引了我。因此，在向FSA(英国金融服务管理局)申请担保之后，我也作为个人投资者开设了一个外汇账户，踏出了汇市交易的第一步。很快地我就意识到在法国没有任何银行或经纪提供此类外汇交易服务，法国的个人投资者只有通过境外的经纪才能享受汇市中的机遇。抱着让更多人都能够更容易地接触到外汇市场的愿望，我成立了 Cambiste.com 并写了这本书。Cambiste.com 目前仍作为一个外汇市场资讯网站而存在着，但其外汇经纪业务已被在汇市和 CFD(差价合约)市场中领头的丹麦盛宝银行收购,并演化为其子公司。盛宝银行(法国)创于 2008 年,她的成立毋庸置疑地向广大的个人投资者提供成功的最好保证。

这本书不仅旨在帮助汇市的初学者认识市场，还将传授专业的交易技巧,以便伴随着读者循序渐进地发现和体验外汇市场。

目录

CONTENTS

第一章

什么是外汇？

第一章
什么是外汇?

1.简介

汇市(Forex)是英文 Foreign Exchange 即外汇市场的缩写,是一个交易各国货币的市场。汇市是世界上最大的金融市场,它每天的平均成交量是所有期货和证券市场的交易量总和的三倍。外汇交易不仅操作简单,充满趣味,还具备其他多种优点。其入市便捷、易于理解,和已被个人投资者所广泛接受的股市和权证交易相比不遑多让。

然而直到近年来高速互联网的普及,才使得越来越多的投资者能够接触并参与到外汇市场的交易中。因此,仍有许多投资者对这个急速发展的金融市场还不是太了解。

外汇作为一种完全独立的资产，能使投资者的投资组合更具多样性。此外，外汇市场的杠杆效应能够使投资收益变得十分可观。通过资金杠杆，投资者可以借用投资额的 100 倍之多进行交易，“放大”获利。外汇市场还是世界上最具流动性的金融市场。汇市的交投异常活跃，而且 24 小时开放，交易费用也极低。因此，不管对于投机客还是资产投资者来说，汇市都是最理想的交易场所。基于以上原因，我撰写了这本由 4 部分组成的指导手册，希望能向你们介绍这个投资者的乐园。

本书的第一章将会为读者介绍外汇市场的组织和运作。其中包括汇市主要的参与者以及外汇市场和证券市场的主要区别。

第二章涵盖了外汇交易的基本知识。在这一章里，汇市新手将了解如何操作他们的第一笔外汇交易。

第三章将为读者介绍每个交易员进入外汇市场所需要掌握的必要知识。其中包括基本分析法和技术分析法以及财经日历的运转方式，还会介绍到每组货币对的特点等等。

最后，在第四章里我们会介绍更多的进阶知识。读者将会学习到时下最通行以及最有效的外汇市场交易策略。我们还会介绍更多的外汇衍生产品以及它们的用途。我们相信这些久经试验的策略和技巧能使大家在汇市交易中如虎添翼。

2.外汇市场的基本知识

A. 浮动汇率机制的引入

时至今日，货币早已经摆脱固定汇率系统的捆绑，而改受供求关系的自然法则影响进行浮动。然而,外汇市场在 1976 年之前并没有像今天这样完善,直至 1976 年的《牙买加协定》(Jamica Agreement)正式引入“浮动汇率”机制才开始发展。此后,货币的价格不仅受黄金或者单一的外汇基准货币影响,还会受到许多经济指数(利率,外贸顺逆差,通胀等等)和政治状况(政府稳定程度等等)的影响。这些因素都令 1976 年之后的外汇市场变得异常敏感。汇市交易的特点在于场外交易(或柜台交易,即双方当事人直接交易,而不是通过交易所进行交易),也就是说,汇市并不受到类似股市的监管,市场上被交易的产品不需要接受审查,其发行者也不受发行义务的制约。越来越多的资金选择投资外汇市场,银行、投资公司等大型机构都纷纷投入其中。而现在,个人投资者也开始进军汇市了。

B. 迟疑和诱惑

然而,某些国家依旧对货币市场化抱持否定态度。(他们并不希望看到自己的货币在市场上受供求关系影响)以阿根廷和厄瓜多尔为例,他们仍保持着把货币价格和美元挂钩的制度。同样地,中国也对人民币的汇率波动进行着严密的监控(虽然前不久仍能通过交易人民币 / 美元的期货合约来持有对人民币的仓位,但最终由于合约缺乏流动性而被摘牌)。而欧洲,在引入欧元之后,也是一个特殊的例子,我们将会在后面详细讨论。

外汇市场如今越来越具有吸引力。随着国际贸易的蓬勃发展,外国货币的处理不可避免,而汇率也就成了那些大型跨国公司必须考虑的问题之一:汇率稍有波动就可能会引起上百万元的盈利或损失!

外汇市场同时也是个充满活力和有利可图的市场。实际上,每天只有 5%的成交量是来自于在国外有业务的公司或者政府,而其余的 95%是来自各式各样的投资者。通过低买高卖获取资本收益,是这些投资者的共同目标。

C. 网络科技带来交易革命

互联网的迅速发展和普及使得外汇市场经历了“爆炸式”的发展。当然这也要归功于汇市本身的灵活性:资金流动性强、场外双方直接交易,还有实时询价成交!多种线上外汇经纪服务也随着互联网的传播蓬勃发展,趣味丰富、便于操作的交易平台由此诞生,拉近了投资者和汇市的距离。在20世纪90年代末,外汇市场还极大地获益于证券市场泡沫的破裂,证券市场的投资者逐渐倾向于投资汇市。比起证券市场,汇市的优点在多方面得以体现:

- 交易信息更易于获得(受益于互联网)
- 各种各样的服务(线上外汇经纪)
- 允许开设微型户头
- 中间商缺省,因此佣金和交易费用也更低
- 可以运用可观的资金杠杆

我们将在后面继续讨论这些汇市的优点。

今天,外汇市场是世界最大的金融市场。每天超过3万5千亿美元的成交额,是证券市场和期货市场成交量总和的3倍。成交最多的货币,包括美元(USD)、日元(JPY)、英镑(GBP)、瑞士法郎(CHF)、加币(CAD)、澳元(AUD)和近年来出现的欧元(EUR)。这些货币习惯上被称作“主要货币(major)”,与其相对的则是“非主要货币(minor)”(也称“次要货币”)或“新兴货币(emergent)”,或“外来货币(exotic)”,也就是除主要货币以外的其余货币(附录10外来货币名称缩写表和主要货币的代名词)

20世纪90年代汇市经历的重要变革有着两个主要诱因:互联网的发展和欧元的出现。

这两个因素共同“引爆”了汇市,使其成为24小时全天候交易者的乐园:低

门槛、低费用。外汇市场不再高不可攀遥不可及。

3. 外汇市场的参与者

外汇市场的高流动性得益于市场参与者的多样性。事实上,这些参与者的入市目的和承受风险的能力都不尽相同,而且分布在全球各个时区。

通过举例我们能够更好地认识到这点:假设市场目前趋势明显并且不断攀升。如果在市场上行的时候我们仍然有买入的机会,那说明仍然存在卖家,然而此时的卖家之所以卖出可能并不完全是因为他们预测市场会下跌,而可能只是"获利了结,落袋为安"的一种交易策略。

因为海外业务的关系,很多跨国企业在买卖外汇的时候都受到或多或少的限制。交易的目的通常是为了在某时提供特定量的特定货币,或是为了对冲汇率风险。这些企业的交易对手,或者说承接交易单的交易者,在下单时会尽可能地通过以有利于自己利益的价格交易而获利。因此,这些交易对手唯一的目的在于最大限度地拉大价差,以低价接手企业要卖出的外汇,高价卖出企业所需外汇。为了规避市场风险,他们可以通过动用一个投机基金来进行风险对冲。这个投机基金也只在有利可图的时候才运作交易。换言之,投机基金就是为意图规避汇率风险的企业而存在的交易对手。

我们能在下面的图里更具体地分清楚 6 种主要的市场参与者和他们的作用:

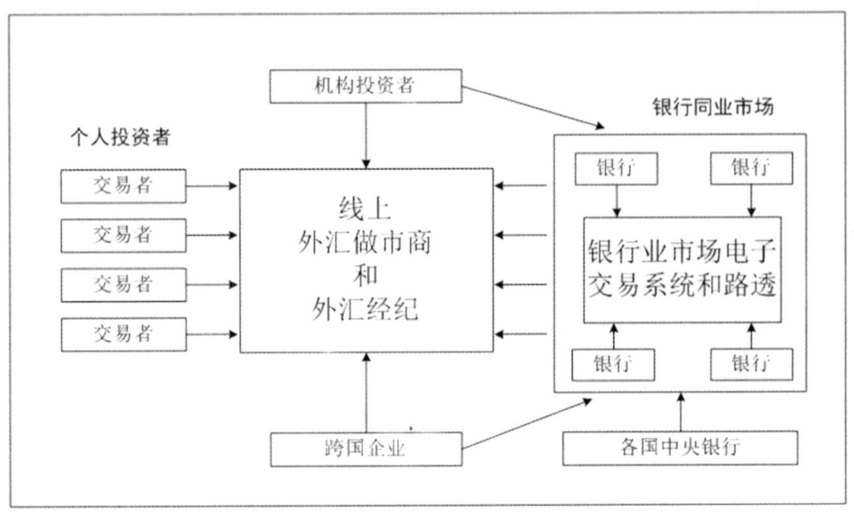

图 1-1：外汇市场主要参与者

A. 中央银行

各国的中央银行是汇市的参与者之一。他们为了管理外汇及本国货币储备，需要参与到汇市的交易中。各国央行在汇市里，也起着金融监管协调的作用。假如欧洲央行觉得欧元的价格相对其他货币太高，导致其经济政策无法正常实施，欧洲央行就会在汇市里大举抛售欧元，来促使欧元价格下跌。然而，央行的这种举动并不是每次都能收到预期的效果——市场有时比央行更强大、更有话语权。即使中央银行有着庞大的资金储备，有些超级炒家也还是可以借势和央行正面交锋并大获全胜。1992 年金融大鳄乔治·索罗斯（Geoge Soros）对英格兰银行的狙击（详见第四章）就是其中一个例子。

B. 银行同业市场

银行同业市场是指银行业同业之间短期资金的拆借市场。在早期的外汇市场里,商业银行就已经是重要角色。当时的商业银行统治了整个汇市,因为只有他们联系紧密而且能在同业之间实时地互通信息。外汇市场发展到今天,有至少50%的订单是通过银行同业市场来交易。商业银行往往是外汇投资者的最终对手方,是连接其他外汇投资者和外汇市场的桥梁。

商业银行的外汇经纪通过促成客户交易来赚取报酬。理论上这些经纪并不参与外汇的买卖(在市场上并不直接持有仓位),而是运用“做市”(market making)来获得利润,也就是说他们要不间断地支持买卖两方面的市场,为市场提供交易价格、驱动交易进行。做市商也正是通过买入价和卖出价的差额获取利益。(银行的交易员在为某些客户执行交易时会或多或少地拉大价差。)也就是说,交易员向客户报出某个交易价位,而后在市场上以优于这个报价的价位执行交易,以此获得盈利。因此,这些交易员的交易目标通常都很“短视”,主要就是以最优价格操作交易。

根据外汇周刊《*FxWeek*》的评选,2008年度在市场上最活跃的做市商的排名如下:

1. 花旗银行(Citigroup)
2. 德意志银行(Deutsche Bank)
3. 汇丰银行(HSBC)
4. 瑞银集团(UBS)
5. 巴克莱银行(Barclays Capital)
6. 苏格兰皇家银行/荷兰银行(RBS/ABN Amro)
7. 渣打银行(Standard Chartered)
8. 法国巴黎银行(BNP Paribas)

9. 摩根大通(JP Morgan)
10. 美国银行(Bank America)

不过对于机构投资者或个人投资者来说这个排名可能并没有太大的参考价值。《外汇周刊》还为广大的外汇投资者设立了一个最佳银行排名,后者不仅把经纪商的服务水平和交易平台质量纳入评选标准,还参考了各个经纪商的交易量。《外汇周刊》评选了五个最佳银行。无论是对于机构或者是个人,这个排名都为希望获得最佳服务的投资者提供了更具价值的参考:

1. 盛宝银行(Saxo Bank)
2. 花旗银行(Citigroup)
3. 德意志银行(Deutsche Bank)
4. 瑞银集团(UBS)
5. 巴克莱银行(Barclays Capital)

C. 跨国企业

各行各业的大型公司也同样参与外汇市场的交易。有时候他们需要大量的美元来支付给外国的供应商,或者他们需要以外币的形式进行分红。这些跨国企业大都会考虑如何规避外币兑换风险。如今很多大型企业在内部都设立了小型的交易中心,统一管理下属子公司的外币收支。这个部门里的外汇交易员,不仅以对冲汇率风险为目标,而且还要尽可能地为集团在市场交易活动中创造利润。然而,现货交易并不是他们最常用的交易模式,这些跨国公司往往是商业银行金融衍生产品的重要客户。因为金融衍生品可以根据企业的资金流情况"量身定做",从而使企业的资金避险管理能够及时有效地运作。值得注意的是,当公司进行海外收购合并时(为了降低成本和提高效益),大型的外汇以及其衍生品交易也时常发生。

D. 机构投资者

投行、金融机构持有大量的股票和债券，为了对冲这些产品的风险，也频繁涉足外汇市场。举例来说，一个基金经理如果主要持有美国股票，通常会购入一定数量以美元为基础货币的外汇产品来对冲这个风险。如今越来越多的投资者认知到外汇是一种完整独立的资产形式，也有越来越多的基金选择直接投资外汇。这些专门投资外汇的基金通常都会使用非常高的资金杠杆，并逐渐成为汇市里重要的一员。大概 30%的外汇交易是由投行和金融机构完成的。

E. "黑匣子"系统（Blackbox）

Blackbox 系统一是套自动交易程序，它是使用计算机分析计算来确定订单的最佳执行途径、执行时间、执行价格以及执行数量的一种交易方法。Blackbox 广泛应用于对冲基金和一些大型机构投资者，它能提高执行效率，降低交易人力成本。2008 年一年里，汇市里高达 30%的交易都是通过自动交易系统来执行。

F. 个人投资者

随着高速互联网的普及和能够提供实时交易价格的线上交易平台服务的出现，外汇市场吸引了越来越多的个人投资者。这些投资者倾向高杠杆，并对投资充满热情，他们在汇市扮演的角色不容小觑。如今个人投资者的交易量已超过汇市全部交易量的 5%。

然而还有许多投资者对于踏足外汇市场仍有所迟疑。主要原因在于，不同于股票市场，外汇市场只有着短暂的历史，而且汇市信息目前还缺乏透明度，让广大投资者望而却步。然而汇市和其他市场一样，并不是深不可测的。外汇市场的灵活性和多样性的特点，让各种各样，无论是激进还是保守，长线或者短线的投资者都能找到适合自己的投资策略。不少人对汇市还存有偏见，觉得风险过高（波动非常大），小型投资者无法预测趋势。然而事实上，投资者是完全能够通过调整杠杆比率和进行交易分析来控制这些风险的。即使外汇市场是由大型机构交易者主导，个人投资者同样也能通过严谨的资金管理创造高额利润。

G. 外汇经纪

外汇经纪在汇市里扮演着中间人的角色。市场上存在着几种外汇经纪：

一些经纪仅仅为客户提供进入汇市的渠道，在客户的每次交易中收取佣金。这类型的经纪最常运用以下两个交易平台：EBS（2006 年 6 月被经纪行业领头羊 Icap 收购）和 Reuters Dealing。它们是国际上两大外汇交易平台供货商，在金融机构和大型投行中被广泛使用，以前不少银行同业借贷交易都在这两个平台上进行。但随着外汇市场的蓬勃发展，这两大交易平台的权威地位如今也受到越来越多后起之秀的挑战，功能强大，价廉物美是新一代交易平台的主要发展趋势。

做市商也是外汇经纪商的一种。做市商入市的目的和商业银行一样，通过不间断地为买卖方提出报价来赚取差额利润。理想的交易模式是在同一时间找到买家和买家，并促成买卖双方的交易。这样做市商在执行双方交易的同时就能赚取其中的价差（spread），即卖出价和买入价之间的差额。当这些外汇经纪无法赚取这个价差的时候，他们也会选择内部对冲，也就是说做市商和客户做交易利润。

因为外汇市场的分散结构，外汇经纪在汇市里扮演着至关重要的角色。这些外汇经纪的存在保证了汇市良好的组织性和源源不断的流动性。

4. 外汇市场的优势

外汇市场具有下述多种独特的优势:

A. 低费率

外汇交易几乎不存在交易成本:既没有中介费,也没有交易费,政府也不征行交易税。再加上汇市里大部分的信息都是公开的,通过网上专业外汇网站、报纸或者其他外汇趋势分析的通讯文章都能够免费得到这些信息。

因此,当我们在汇市交易的时候,唯一的交易成本就是外汇经纪所赚取的价差(即买入价和卖出价之间的差额)。

B. 省略中间商

在外汇市场,外汇买卖是不需要通过中间商代理交易者来执行交易的。没有中间商的存在,也就无需担心被收取额外佣金。不仅如此,在交易平台的帮助下,外汇买卖的订单都是在汇市里被实时执行的。

C. 场外交易(OTC-Over The Counter)

场外交易市场主要是由商业银行组成,他们利用互联网和电话达成双边询价和清算的即时外汇交易市场,是外汇市场的重要组织形式。外汇市场没有集中统一的交易所。

D. 双向的获利机会

对于任何一笔外汇交易来说，投资者都是相当于在买入一个币种的同时卖出另一个币种。反之亦然。这意味着任何时候投资者都无需担心承担做空的风险。汇率无论是上涨还是下跌，投资者都有机会实现获利(投资者可以在低价买入，稍后高价卖出获利；也可以从高价先卖出，在低价再买入而获利)。举个例子：假设我们预期欧元兑美元(EUR/USD)会下跌(即预期欧元相对美元会贬值)，那么当然就应该卖出欧元并买入美元。如果 EUR/USD=1.3601(卖出价)，即卖出 1 万欧元的同时买入 13,601 美元，若干时间后欧元对美元的价格如果下跌到 1.3600，也就是说这时候 1 万欧元等价于 13,600 美元。这时候我们的获利为 1 美元，换算成欧元也就是 1/1.3600=0.74 欧元。如果是看多欧元兑美元，我们可以相同的原理买入欧元，来赚取利润。

E. 高度流动性，24 小时运转不息的市场

外汇市场的日平均交易额高达 3 万 5 千亿美元，使它成为世界上交易额最大、资金流动性最好的市场。正因为其成交额大，资金流动性强，个人投资者能够在这个市场自由进出，在任何时候买卖任何货币，而无需担心下达的交易单会因为找不到承接的交易对手而不得不在市场上“排队”。

外汇市场的无间断运作能让投资者及时进行操作，正因如此投资者不需担心类似在证券市场上那样，突如其来的经济消息会在闭市的时段内对汇市价格产生重大影响，而使他们的盈亏发生剧烈变化。良好的资金流动性，尤其是对于主要外币来说(美元、欧元、日元、英镑、瑞士法郎、加元和澳元)，能避免外汇报价不规则的波动。

F. 无内线交易，也无幕后造市

由于成交额巨大，市场内的组织形式又较为分散，外汇市场因此更透明公正。任何机构或者个人都难以利用内幕消息操纵汇市，从而使得汇市不存在像证券市场的隐性风险。任何单一的投资者都无法长期控制汇率。即便实力强大如政府和中央银行，他们在影响外汇价格的时候也显得越来越力不从心：虽然央行和政府的介入仍能影响汇市，但是他们的影响力随着时间的推进却越来越小。外汇舞弊几乎不存在，因为根本没有内幕交易！

G. 便捷的交易工具

只需要有互联网，我们就能轻松地开始外汇交易。不过在交易之前，我仍然推荐大家好好了解一下外汇市场上存在的各种产品（比如说参考一下本书内容）。

H. 迷你账户也可入市

在汇市里，投资者只需要支付相对小量的保证金就能开设一种特别账户——迷你账户。许多网上外汇经纪都向投资者提供了这种选择，当然开设这些账户还是会要求投资者注入一笔最低保证金(通常情况下不低于 100 美元)。这种迷你账户对于初入汇市的新手来说是非常不错的学习工具，能让投资者在进行大额交易之前熟悉外汇的操作环境和摸索寻找适合自己的交易模式。不过我建议不妨从更高一些的本金额度开始，因为这样可以为所持的仓位预留更多的保证金，投资的灵活性也就会更大一些。虽然开设迷你账户业务的经纪，令进入汇市的门槛大幅降低，但有一点不得不提到，那些向投资者“推销”迷你账户的外汇经纪有时并不专业。迷你账户的低保证金使得近三年来进入汇市的投资者把外汇交易当成了一个休闲游戏。这当然远远背离了事实。迷你帐户之所以能存在，完全得益于保证金交易的资金杠杆和在汇市里几乎不存在最低交易额度。

I. 高资金杠杆

外汇市场的投资者能够极大地受益于高杠杆效应。在资金杠杆作用下，投资者能借用比保证金大一百倍的资金来进行交易，获利的机会明显大增。但同样地，越高的资金杠杆也意味着更高的风险。汇市的波动非常微小，哪怕上下浮动只有 1%，已经可以算是非常明显的汇率浮动。正因为这样，汇市的投资者需要运用杠杆来“放大”自己的利润。没有了杠杆的话，真正有兴趣投资汇市的人恐怕就只有那些账户上拥有 5 万欧元以上的投资者。值得注意的是，资金杠杆提供了一种允许投资者借用比自有资金更多的资源来买卖外汇的可能性，而使用杠杆与否或大小则完全由投资者自由选择。投资者在交易的时候能结合自己的资金大小自主选择杠杆比例。举个例子，假如我们有 1 万欧元的外汇账户，我们选择最大杠杆比例的话，就能建一个 100 万欧元的仓，我们同样也能选择较低的杠杆比例，仅仅建立 5 万或 10 万欧元的仓等等。

J. 任何投资者都能进入的市场

网上交易平台的人性化发展和汇市的交易模式，令外汇交易变得充满趣味和更易入门。我们并不需要成为专家，只需要一些专门的训练和一点点理论知识，就能开始进行外汇交易。在了解外汇的过程中，我们将会渐渐了解世界经济运作的原理，揭开世界经济的神秘面纱，这是多么的激动人心！

5. 外汇市场和证券市场的对比

股票和股票衍生品（权证，turbo 等等）对于许多个人投资者来说并不陌生。即使这些金融产品仍然相当吸引人，外汇还是有着许多与证券不同的投资价值。在选择投资的金融产品之前，我们应该好好地搞清楚每样产品的运作原理。外汇市场和证券市场并不可比，而且两个市场之间完全没有相关性。举个例子，当纳斯达克指数（Nasdaq）上涨的时候，美元并不一定在相同时段升值。反过来说，美元价格上升对美国的以出口为主的企业不一定是利好消息，因为强势的美元会打击出口。

一个合理的投资组合应该包含外汇资产，这样才能使投资组合达到平衡。外汇市场不是制造泡沫的市场，也不是通过哄抬或打压价格来达成内幕交易的市场。

此外，外汇市场和证券市场还有许多本质上的差别：

- **证券市场通常都在有限的时间交易，有着严格的开市和闭市时间。**而外汇市场是 24 小时开放，从格林威治时间星期天 21 点开始，到格林威治时间星期五 22 点结束（法国时间分别是 22 点和 23 点）。如此长的开放时间给了外汇市场一个无可比拟的弹性：即使是碍于白天工作时间不能交易，投资者也能在其他时间实时买卖。此外，在证券市场里，投资者在交易所开放时间以外操作的交易单，并不能被确保在开市交易的时候顺利按照预订的价格或数量被执行。有些证券市场（例如美国的证券市场）甚至对开放时间外的交易还设定了许多严格的限制。
- **证券市场的流动性远远不如外汇市场。**流动性不足造成了几个结果：一方面，我们不能确保订单是按照我们订下的价格来执行（市场上很可能没有买家或者卖家来做我们的交易对手），另一方面，当交易额较大时，下单时引起市场价位浮动的风险也随之加大。（很有可能要以更高价买入，或以更低价卖出。）

• **外汇市场的资金杠杆比例非常大。**外汇经纪提供的杠杆比例通常在 50:1 到 200:1 之间，而投资 SRD（延期交收）股票的时候，这个比例却只有 5:1。高杠杆无疑增加了风险，但同样也意味着资金盈利的巨大潜力。投资者当然可以根据个人的投资预期和风险承受力来使用这个杠杆，但是有这样一个选择确实令汇市更具魅力、更能吸引投资者。

• **证券市场会派发股息，而股息在外汇市场里是不存在的。**不过投资者可以在外汇市场里赚取（也有可能是亏损）所交易外汇的利率差。（第四章书中的套息有更为详细的介绍。）

• **证券市场可以交易的金融产品数量极其巨大，**选择和跟踪投资品种也是非常繁琐和枯燥的差事。而且，在选择的过程中要分析的数据也是不计其数的（公司运作情况、盈利情况和资产负债表等等）。证券市场的这个门槛使得新手投资者无从下手，苦无对策。而外汇市场只有 160 组外汇，即使只投资和跟踪其中的 3 到 4 个货币对，对于平衡和多元化投资组合来说也已足够了。

• **证券市场受到 AMF(金融市场监管局)的严格监控，**而外汇市场则是场外交易市场（非交易所交易），没有专门的监督机构来集中监控，外汇市场的监管机制相对灵活和均衡。

• **外汇市场不存在任何交易成本，而证券交易，不管买卖，我们都要付一笔固定的交易费用。**

• **我们能够观察到，一些股票因为某些原因，发生不合理的异动，在下跌时尤其猛烈。**这个现象说明投资者信心在证券市场的主导地位。持有股票的投资者总是担心自己对股票的了解在这方面或那方面少于其他的投资者，一个微小的消息也有机会使得股价暴涨或者暴跌，这些现象并不合理。在外汇市场，内幕交易几乎不存在。外汇的每个参与者都能在同一时间得知所有的能影响汇率的经济数据。这使得投资者信任外汇市场的公正性,并能理性地对待每次外汇交易。

● **然而,心理学也是外汇市场的一个重要课题**,这点和上述内容并不矛盾。我们估计股票价格的时候,是通过一系列非常具体的指标来衡量的,例如营业额和商业发展计划。而衡量一个货币相对于另外一个货币的价值远比估计股票价格棘手。在外汇市场里,投资者时常会对一些经济数据反应过激,也会过度关注技术指标。

相信至此,读者对外汇市场和证券市场的本质区别已有了初步认识,下面我们将探讨另外一个主要金融市场:期货市场。

6. 外汇市场和期货市场的对比

虽然有些期货产品也是以货币来做标的物,但是期货市场和外汇市场还是有着许多不同点的。为了搞清楚两个市场的本质区别,我们首先要定义什么是期货:期货是一种协议,买卖双方通过期货合同确定交易品种、交易时间、交易价格和交易方式。

期货是在期货交易的标准化合约:对于某个特定标的,每份期货合约的价格和执行日期都是统一的。

期货市场和外汇市场相比也有缺乏流动性,被高度监控,交易成本高,杠杆比例低和受市场开放时间限制的缺点,除此之外,外汇市场和期货市场的差别还在于:

● 期货合同受到时间价值的限制。期货的价格与交割日期有着密切联系。我们所买卖的期货合同,通常都是在买卖之后的数个月才交割。在实际产生利润之前投资者需要经历漫长的等待。并且因为缺乏流动性而难以平仓,使得持仓成了一种潜在的风险。

- 最小交易额的限制往往令想开仓的小型投资者力不从心,望而却步。例如一份"迷你手"的 E-mini 欧元期货合同(在美国芝加哥期货市场挂牌),它在 Globex 上的报价高达 62500 欧元,这对于很多个人投资者来说是个相当庞大的数目。

虽然在金融市场的交易活动中,证券和期货市场仍是两个至关重要的投资场所,但不可否认,外汇市场的各项优点也是相当突出的。正是因为这些特点,使得外汇市场成为一个独特、具有吸引力和充满投机机会的金融市场。

作为总结,下面的表格综合了上述三个金融市场的不同特点:

表 1-1

市场	外汇市场	证券市场	期货市场
交易佣金	无*	有	有
市场流动性	极高	高	中等
高杠杆比例	高杠杆	无杠杆	中等杠杆比例
交易最低额度	十分有限,几乎没有	无限制	最低额度十分可观
开放时间	24小时开放,星期日22点至星期五23点	星期一至星期五9点直17点30分(euronext市场)	星期一至星期五9点直20点(euronext市场)
中间商	无	有	有
是否场外交易	是	不是	不是
是否即时交易	是	不一定	不一定
产品复杂程度	不复杂	相当复杂	一般复杂
是否存在内幕交易	不存在	存在	存在

*不存在固定交易费用,但是当投资者的交易金额没有达到一定的额度时有些外汇经纪会收取一定的交易费用。和所有金融产品一样,投资者的投资成本也包括价差(详看第二章,基础知识 B 部分)

我们以相当重要的一点来结束本章:某些外汇经纪通过 CFD(差价合同)向投资者提供进入外汇市场的通道。差价合同作为一种金融衍生物,虽然受到股票投资者的密切关注,但对于外汇交易我们却不推荐。事实上,差价合同所提供的资金流动性是不同于单纯的外汇交易的。

因此，建议投资者应事先向外汇经纪询问清楚，在决定使用直接的外汇交易还是通过 CFD 来进行外汇交易。

第二章

开始外汇交易

第二章
开始外汇交易

1. 基本知识

在开始外汇交易之前,我们先要熟悉一下市场的基本知识和术语。正如之前所说的那样,外汇市场在很多方面跟证券市场和期货市场差异很大,我们应该先从外汇特有的术语,以及交易账户的基本运行方式下手。

A. 货币对

基本概念

首先我们要搞清楚一个概念:在外汇市场上我们不可以单独买卖一种货币。实际上,一种外币的报价是以另外一种外币的数量来做参照。举个例子:欧元可以兑美元上升的同时也可以兑英镑下跌。

在汇市流通的每种外币都有一个由 3 个英文字母（根据国际标准化组织条例 3)组成的代号。其中前两个字母代表国家的名字,第三个字母代表货币的名字。

GBP= 英国 Great Britain, 磅 Pound

USD= 美国 United States, 美元 Dollar

JPY= 日本 Japan,   Yen

CHF= 瑞士联邦 Confé dé ration Helvé tique, 瑞士法郎 Franc suisse

CAD= 加拿大 Canada,加拿大元 Dollar

等等(详细请参考附录 10-B,主要货币代码组成及俗称)

然而,某些货币代码的构成并不是按照以上的方法,例如欧元 EUR,俄罗斯卢布 RUB,波兰兹罗提 PLN 等。欧元(EUR)作为欧元区的代表货币,它情况比较特别,其代码只是简单地由 EUR 三个字母组成。

外汇的报价也有一定的格式:被“/”隔开的两种货币有着约定俗成的先后排列次序。例如美元的汇价,我们能说欧元兑美元(EUR/USD),但是从来不说美元兑欧元(USD/EUR)。然而,外汇报价的格式也有几个特殊的例子:欧元兑英镑的汇率是 EUR/GBP,在汇市里也同样有着 GBP/EUR。在大部分情况下,美元在汇率报价时总是被放在前面。美元在兑换欧元、英镑、新西兰元时,则在被放在这些货币的后面。

总体来说,在汇市的报价中,英联邦国家的货币通常都会被放在美元的前面。

报价和比价

如果一个货币在报价里被标在左边(或者说被标在前面),我们则说这个货币是基准货币,或者说这个货币是被直接标价。在这种标价里,它的价值一直是1,而另一个货币的价值参照着这个货币来浮动。被标在右边的货币则是参照货币，或者说这个货币是被间接标价。举个例子，在2008年欧元兑美元汇率在1.2327的最低点(10月份)和1.6037最高点(7月份)中间上下浮动。这就是说在2008年的10月份，我们能以1.2327个单位的美元来兑换1个单位的欧元,而在7月份,我们要用更多的美元来兑换成同样数量的欧元,这时1.6037个单位的美元才能兑换1个单位的欧元。以一单数量为1欧元的交易来说,这个差额是微不足道的;然而这单交易是高达百万欧元的话,我们能创造的利润是相当可观的! 试想一下,一个外汇交易员在EUR/USD报价1.2600的时候买入10万欧元并在2008年7月份的最高点时全部卖出,他在这次交易中获利高达34370美元!

计算起息日(交割日)

在汇市中我们要时时注意日期。很多时候,我们下买单或者卖单的日期并不是真正的“起息日”。起息日是指资金实际交割的日期(即从那一天开始计算利息),而在汇市里,起息日就是指资金从一个账户上流入到另一个账户上的日期。用欧元兑美元的交易作例子,起息日就是欧元从自己的账户上流出并流入对方账户上的日期,而同日自己的账户上也收到从对方账户汇出的美元。但对于大部分线上外汇交易平台的投资者进行的交易通常是‘不可支付的’,也就是说投资者并不真正持有所购买的货币,相对地,投资者在卖出某种货币时,也不需要实际交付这种货币。所以投资者在进行外汇交易的时候并不需要开设欧元、美元等等多个外币账户,所有的交易都会以账户基础货币结算。尽管如此，交割日的计算原理仍然类似，通常是下单并成交的日期之后的第二个工作日。交割日的计算在外汇价格波动比较大的时段相当重要(因此交割日对于投资息差很大的货币组合时显得尤为重要)。我们将在第四章讨论 carry trades(套息交易)的时候重点介绍。

我们在外汇交易时,要时常考虑到两个国家不同工作日的安排,因此计算交割日有时候相当困难。专业的交易员有专门的时间表来帮助他们计算起息日。我们能从欧元市场日历看到交割日和交易日相差多少个工作日。当然，在同一天对同一对货币的买单和卖单，它们的交割日总是相同的。

图 2-1：欧洲市场日历

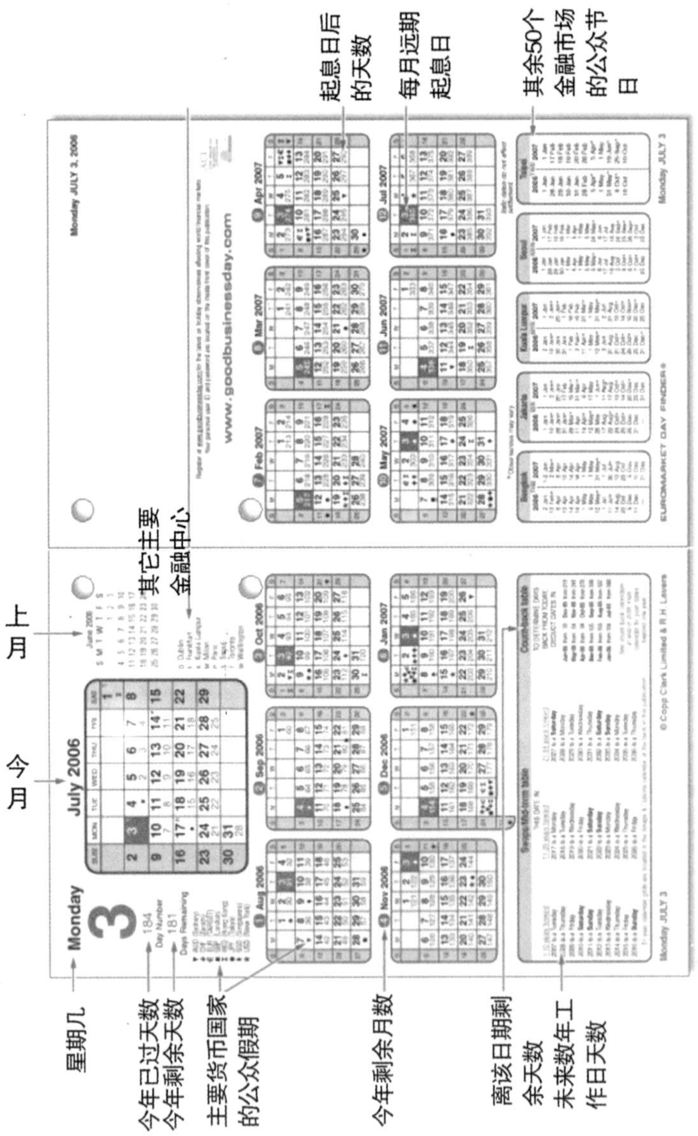

起息日后的天数
每月远期起息日
其余50个金融市场的公众节日
上月
今月
其它主要金融中心
星期几
今年已过天数
今年剩余天数
主要货币国家的公众假期
今年剩余月数
离该日期剩余天数
未来数年工作日天数

外汇买卖的基本知识

在汇市里我们只能“兑换”，并不能单独地买卖这些货币。因此在汇市，买和卖有着特别的意思。例如，如果说买 EUR/USD，具体就是买入欧元（基准货币），同时卖出美元（间接定价货币）。相反地如果说卖 EUR/USD 就是卖出欧元同时买入美元。如果欧元兑美元标价是 1.3500，我们卖出 1000 欧元的话，就是买入 1350 美元。

B. 买方出价(bid)，卖方出价(ask)和买卖差价(spread)

我们在观察报价的时候能发现，每个货币对都有两个报价。一个是外汇的买入价（ask），而另一个则是外汇的卖出价（bid）。举个例子，当 EUR/USD 的报价是 1.3601/1.3604 的时候，其中比较低的价格 1.3601（ask），是我们能够卖出这个外汇的最高价，而比较高的价格 1.3604（bid），则是我们能买入这个外汇的最低价。买入价和卖出价的差额叫做买卖差价，这对于投资者来说是外汇交易中唯一的交易成本。

C. 怎么平仓？

开仓也叫建仓，是指投资者新买入或新卖出某个货币组合。平仓，是指进行和原始交易方向相反的行为，以便结束原先所设仓位。假设我们决定买入 10 万欧元兑美元，我们便有了 10 万的欧元仓位，为了平仓，我们则需要卖出同样数目即 10 万欧元兑美元。

在建仓到平仓的这段时间中，货币对的报价如果产生波动，交易过程中就会出现盈利或者亏损。

示例

我们买入10万欧元兑美元，此时欧元兑美元的报价为1.3500。这就是说，我们现在持有10万欧元，并同时卖出了135,000美元（10万 x 1.3500）：

假设欧元兑美元的报价在若干时间之后达到1.3650。我们决定平仓，卖出10万欧元，同时回购136,500美元（10万 x 1.3650）。

我们一开始拥有价值135,000美元的10万欧元，之后汇率向着对我们有利的方向变动，在平仓时，通过卖出等值的10万欧元我们可以获得136,500美元也即通过这次买卖我们实现了1500美元的盈利。

反过来说，假设欧元兑美元的报价下跌到1.3350。我们决定平仓，卖出10万欧元，并回购133,500美元，这种情况下亏损为1500美元。

某些经纪可以允许我们同时做多和做空同一组外汇。然而，同时多头持仓和空头持仓并没有太大的实际意义。无论价格是上涨还是下跌，我们总是在某个仓位获得利润的同时在另一个仓位亏损。

D. 点（pip）

什么是点？

外汇商用pip作为货币组合报价的最小计量单位。Pip是英语price interest point的缩写（在法语中记为point de swap）。最初，点是应用于远期汇率掉期交割或延期交割的计量单位，随后，这种描述方法也应用到现货交易中。它是报价中的小数点后的最后一位数字，即汇率变化的最小单位。对于欧元兑美元来说（假设报价1.3600/1.3603），如果说报价上升了10个单位，或者说升了10点，报价就上升到了1.3610。同样道理如果报价下跌了10个单位，或者说跌了10点，报价则为1.3590。近期还出现了以十分之一点差为最小计量单位的报价方式，使得价差可以更小，报价也更精确，更具竞争性和更透明。在外汇交易中，点的价值取决于两个因素：买卖的货币对和投资金额。

EUR/USD	1.3500/1.3502	⇒	1350[0]
EUR/JPY	118.40/118.43	⇒	1184[0]
USD/SKK	26.015/26.079	⇒	2601[5]
GBP/CHF	1.6550/1.6560	⇒	1655[0]
EUR/HUF	298.00/298.60	⇒	2980[0]

对于很多主要货币（除了涉及日圆的外汇对）的点的值都是 0.0001。对于涉及日圆的货币对点则是 0.01。简单地说，不考虑小数点的存在，点差是报价的第五位有效数字。

例如：EUR/USD 1.3500/1.3502 一个点是 0.0001

USD/SKK 26.015/26.079 一个点是 0.001

EUR/HUF 298.00/298.60 一个点是 0.01

计算点值

点值就是外汇价格每上升一个点（或下降一个点）对投资者所造成的利益（或损失）。因此，计算点值非常重要，它能帮助你预期和确立交易潜在盈利或亏损。

要计算点值，投资者需要掌握三个信息：

- **在我买卖的货币对中，哪个才是间接标价货币？**
- **我的投资额是多大？**
- **点（pip）在哪个位置？（或者说小数点以后第几位代表 1 点？）**

按照点所在的位置，去掉投资金额的两个、三个或四个零，所获得的结果就是以间接标价货币为单位的点的值。

示例

表 2-1:点值计算例子

货币对	间接标价外汇	投资额	点的位置	点值
欧元/美元	美元	50000欧元	小数点后4位	50000*0,0001 = 5美元
美元/日元	日元	200000美元	小数点后2位	200000*0.01 = 2000日元
美元/斯洛伐克克朗	斯洛伐克克朗	500000美元	小数点后3位	500000*0.001 = 500斯洛伐克克朗

这些计算虽然看上去有些棘手,但投资者无需为此担心,因为事实上现时的许多网上外汇交易平台在交易的时候会自动帮用户计算好这些点值,投资者可以对可能的盈利和亏损一目了然。

E.杠杆效应

杠杆效应的原理

外汇市场吸引投资者的其中一个原因就是外汇交易总是存在着比其他金融市场更大的杠杆效应。即使是最"迷你"的账户也可以通过杠杆来撬动大量资金进行大额度的交易和在仅仅几天内实现巨额利润!

简单地说，资金杠杆是能让你动用比你自有资金更多的金额来建仓的工具。举个例子,用 100:1 的杠杆交易意味着,投资者在拥有 5000 欧元的情况下,累计最多能够用 50 万欧元来建仓,也就是 100 倍于自有资金。外汇市场的通常使用的杠杆比例从 50:1 到 400:1 不等(100 倍杠杆是外汇经纪最常推荐的杠杆比例)。每一次建仓都是一次借贷,而外汇经纪就在其中充当着借贷者的角色。在外汇市场每一次的交易都同时包含了借和贷的行为。例如在卖出 EUR / USD

的过程中，外汇经纪为投资者提供欧元贷款，然后投资者用这笔欧元买入美元。因此，在这种情况下，杠杆的使用能使投资者的收益变得更加可观。不过，杠杆的运用同样也是充满风险，因为它不仅可以加乘收益，同也可以加乘亏损。所以在使用杠杆的时候要谨慎小心，我们不推荐大家使用超过 50:1 杠杆比例。

保证金:追加保证金

为了防止投资者的亏损额超过投入账户内的资金额度，外汇经纪作为对投资者外汇交易的贷款人，会对每个客户要求：

- **一笔用来支付潜在亏损的存款**
- **一笔用于支撑仓位的资金，也就是我们所说的保证金**

保证金交易也即投资者可以通过利用资金杠杆动用多于自身账户内的资金进行外汇买卖。保证金的数额通常都不大，因为外汇价格的波幅在一日内通常都不会大于 1 - 2%。一般情况下，外汇经纪要求投资者投入 1 %的保证金，也就是说投资者的账户内的保证金至少需要达到累计仓位金额的百分之一。

如果投资者的可用保证金没有达到持仓金额的百分之一，外汇经纪会向投资者要求追加保证金，投资者也会因此得到所投入资金不足以支撑所持仓位的通知。这时候投资者可以及时了结一部分的仓位来调整保证金的额度。否则当保证金使用额达到一定程度时你的外汇经纪会自动终结投资者的所有仓位。每个外汇经纪都有自己的强行平仓底线，这个底线通常在 0.5%左右。

我们举个具体例子：

假如你有一个 1 万欧元的账户，而你的外汇经纪为你提供的杠杆比例是 100:1，也就是说你最多能建立总值为 100 万欧元的仓位。保证金和杠杆比例两者是相互关联的，100 万欧元的 1% 也就是 1 万欧元。假设你在两个外汇上建仓：分别买入 20 万 EUR/ USD 和 30 万 EUR/ JPY。两个仓位的总值是 50 万欧元,因此并没有用到经纪提供的最大杠杆比例 100:1,而是 50:1。

假设欧元兑日圆(EUR / JPY)贬值,导致你的账户缩水到 5000 欧元。那你的保证金就不再是 1%,外汇经纪将要求你追加保证金。这时你有两个选择:

- 忽略外汇经纪追加保证金的提示,认为市场趋势会反转,并维持原来仓位。假设欧元兑日圆继续下挫,直到你帐号只剩下 2500 欧元。这时你的保证金只有仓位的 0.5%,到达了强行平仓的底线,你的外汇经纪就会以现价自动帮你平仓。
- 或者卖掉 EUR/ USD 或 EUR / JPY 的仓位,以便维持足够的保证金。

F. 订单

定义

作为个人投资者,要无时无刻地观察外汇的走势并及时下单几乎是不可能的。然而要在到达既定价格的时候,让系统帮我们自动开仓或者平仓则是可以做到的。

以下是两个主要的订单类型:

- **限价订单(limit)**
- **止损订单(stop)**

这两种类型的订单可以有买和卖两种方向,也不一定要和持有的仓位相关联,我们将在下面详细讨论这两种订单。另外,无论是哪种订单,在当你估计外汇价格将不能达到你定下的目标价格时,都可以取消或者进行调整。

关联订单

无论是限价还是止损,只要这个订单用于结束一个已经存在的仓位,它就被称为关联订单。在实际交易中,其实并没有关联订单这个类别,关联订单只是用于表示与已开仓位相关订单的习惯用语。

限价关联订单,是通过定下出场点来获利了结(take profit),而止损关联订单是在市场走势跟之前判断相反的时候,停止损失而平仓的订单。

限价订单的最主要作用是获利了结。举个例子,我们认为 EUR / USD 会下跌并卖出 EUR / USD,这时候我们就需要为这个限价单定一个比卖出价更低的执行价。一旦 EUR / USD 的价格下跌到我们定下的执行价时,这个订单就会被自动执行,我们便能获得其中的差额利润。

而止损订单的目的在于控制或者降低损失。和限价订单一样,止损也有买卖两个方向。例如我们认为 EUR / USD 会上涨并买入了 EUR / USD,我们这时候就能下一个止损卖单。这个卖单的价格要比我们买入的价格更低,这样在价格下跌的时候,我们就能降低或者控制我们的损失。

限价订单和止损订单也可以同时使用,这样就会形成一个“夹板”夹着你的仓位。我们也经常使用 O.C.O.订单(One Cancels the Other 二选一订单)这种说法:如果两个订单其中一个被执行了,那剩下的那一个订单就会被自动撤销。

示例

假设现在 EUR / USD 的报价为 1.3500,而我们持有 10 万的仓位(买或者是卖),如果我们想要平仓,那么我们要下这些订单:

表 2-2：下单策略

仓位	走势预期和下单方式	订单类型	价格走势
10万欧元多头	我们认为价格会上涨到1.3600并希望在这个价位获利了结。	**限价卖单** 执行价1.3600	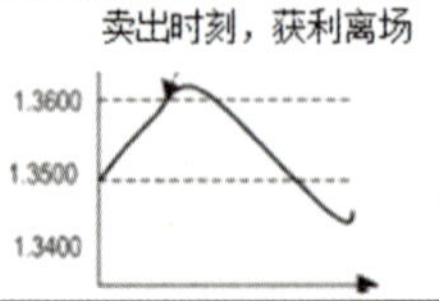 卖出时刻，获利离场 1.3600 1.3500 1.3400
10万欧元多头	我们预计价格可能下跌，而我们能接受的最大损失在1.3400的位置。	**止损卖单** 执行价1.3400	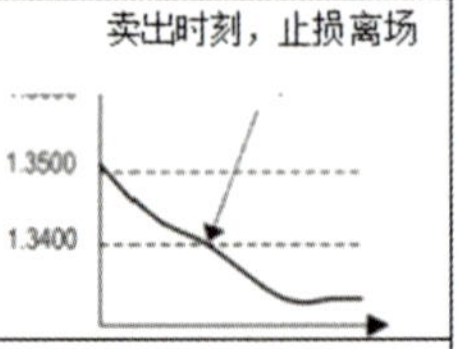 卖出时刻，止损离场 1.3500 1.3400
10万欧元空头	我们认为价格会下跌到1.3400并希望在这个价位获利了结。	**限价买单** 执行价1.3400	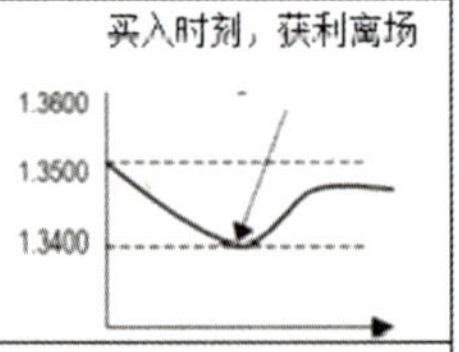 买入时刻，获利离场 1.3600 1.3500 1.3400
10万欧元空头	我们预计价格可能上涨，而我们能接受的最大损失在1.3600的位置。	**止损买单** 执行价1.3600	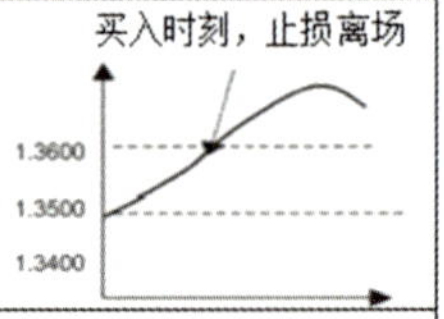 买入时刻，止损离场 1.3600 1.3500 1.3400
10万欧元空头	我们希望在价格上涨到1.3600的时候控制损失并在价格下跌到1.3400的时候获利了结。	**止损买单** 执行价1.3600 + **限价买单** 执行价1.3400	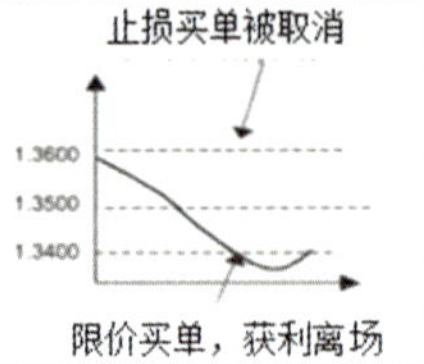 止损买单被取消 1.3600 1.3500 1.3400 限价买单，获利离场

开仓订单

如果一个订单不是用于平仓，而是用来建仓的话，我们就把这个订单叫做开仓订单，或更简单地称为订单。

基本上，这些订单都是为了在最好的时刻，根据对市场的预期买入或者卖出外汇。如果你认为市场价格会冲高回落，这时候你就需要用到限价订单。举个例子，如果你认为 EUR / USD 价格在强势冲高之前会有一个向下修正的过程，你就应该下限价订单。如果价格向下突破支撑位置,并继续下挫,止损订单在这时候就会派上用场。

正因为这些订单,我们能够执行重复下单的策略。这种交易策略在我们发现支撑位(即价格停止下跌的位置)和阻力位(即价格停止上涨的位置)的时候被广泛使用。每当某个货币对到达支撑或阻力位时,我们就能重复地下单。不过要注意的是,支撑和阻力都不是永恒的现象。我们将会在技术分析的章节里更加详细地讨论这个问题。

混合策略示例

表 2-3:非关联交易组合策略

走势预期和下单形式	订单类型	走势图
我们预计欧元/美元汇率会上升,但是我们希望能以比现价更低的价格买入。	**限价买单** 执行价:1.3400 如果这个订单被执行,我们就会有10万欧元仓位。	订单执行,买入EUR / USD 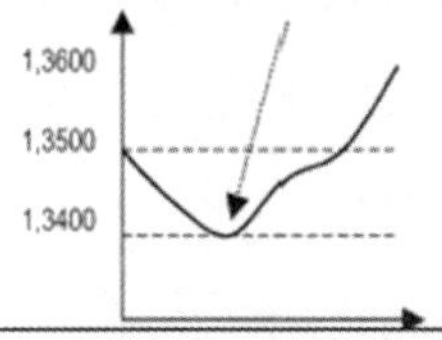 1,3600 1,3500 1,3400
我们预计欧元/美元价格会下跌,但是我们希望能以比现价更高的价格卖出。	**限价卖单** 执行价:1.3600 如果这个订单被执行,我们就会有10万美元仓位。	订单执行,卖出EUR / USD 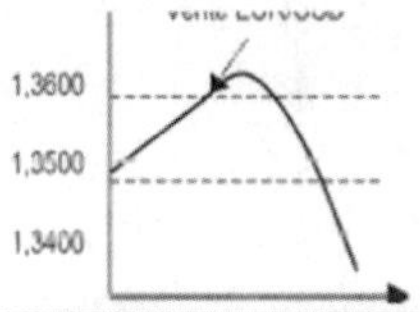 1,3600 1,3500 1,3400
我们在1.3580的位置上看见前期的阻力位,并估计如果突破这个阻力位的话,欧元/美元将会有一轮强劲的上涨行情。	**止损买单** 执行价:1.3600 如果这个订单被执行,你就会有10万欧元仓位。	订单执行,买入EUR / USD 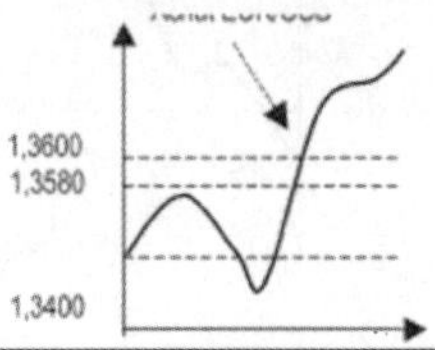 1,3600 1,3580 1,3400
我们在1.3520的位置上发现前期支撑位,并估计如果突破这个支撑位的话,欧元/美元将继续急速下挫。	**止损卖单** 执行价:1.3500 如果这个订单被执行,你就会有10万美元仓位。	订单执行,卖出EUR / USD 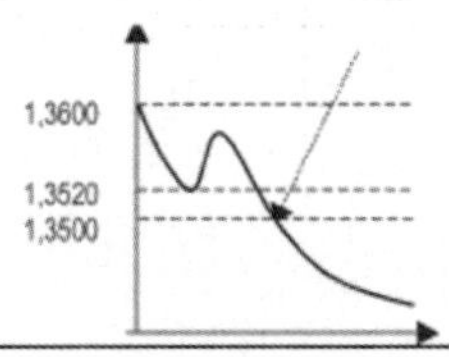 1,3600 1,3520 1,3500

假设现在 EUR / USD 的报价为 1.3500，我们想买 / 卖 10 万的 EUR / USD。为了在扩大收益的同时控制损失，我们可以在同一时间下若干个订单。根据不同的交易策略，我们有许多的订单组合。在下面的内容里，我们先学习两种混合策略。后面"掌握交易的每一个细节"的章节中我们会提到第三种混合策略的例子。

a）我们在研究了 EUR / USD 一段时间的价格走势之后，发现这个它的走势在一个波段或"通道"中上下波动，分别在 1.3600 有阻力和 1.3400 有支撑，这时候我们能就下这些订单：

- 限价卖单，执行价 1.3600
- 限价买单，执行价 1.3400

这时候我们只要重复这一系列操作，就能有机会在最低价买入，最高价卖出。无需赘述，这种情况是最轻松、最理想的获利形式。现在假设我们持有某个买入的仓位：

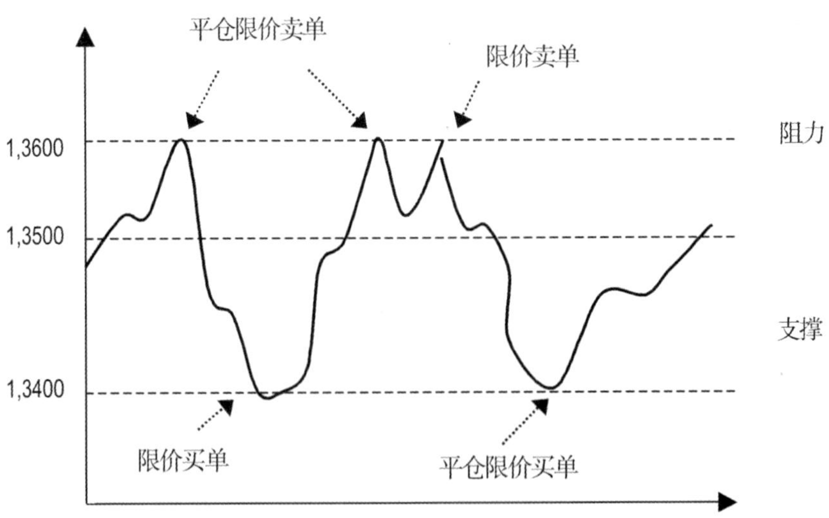

图 2-2：混合交易策略例子

这种交易策略的风险在于我们对价格波动的假设。我们假设价格无论怎么波动，都不会突破 1.3400 的支撑和 1.3600 的阻力。然而我们应该时刻都要考虑到价格会突破压力 / 支撑的可能性。无论在什么情况下，我们都不能忽视实际情况对外汇价格的影响。

b）我们以 1.3500 的价格买入了 10 万欧元。这时候我们预期价格会上升，但是也担心价格会下跌，击破 1.3400。如果价格跌破 1.3400，这将成为下跌趋势的信号，因为 1.3400 这个支撑位被击破会造成惯性下跌。为了控制损失，保住利润，我们先下一个执行价为 1.3380 平仓止损单，数量 10 万。之后，再下一个执行价为 1.3380 的开仓卖单，数量同为 10 万（这样如果价格跌破 1.3380 的话我们先会平仓然后再开仓，这样我们便有一个新的欧元空头仓位，价格在 1.3380）。

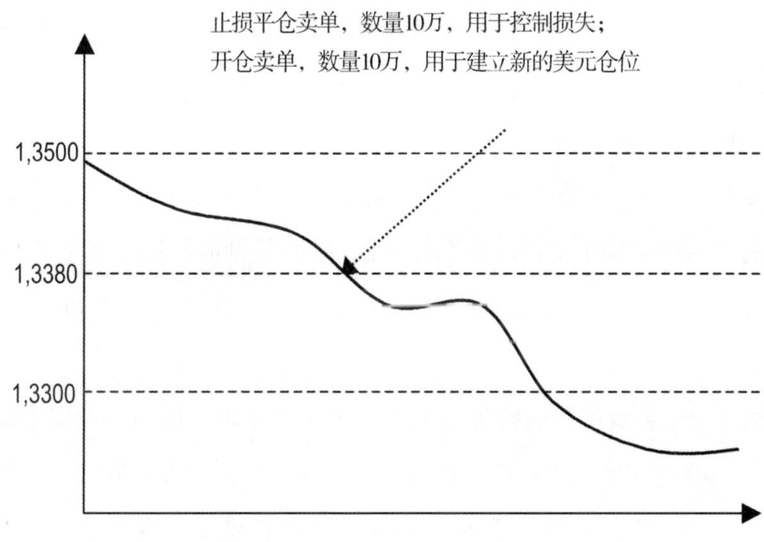

图 2-3：混合交易策略例子

其他订单类型

延迟或跟踪止损订单（trailing stop）

这种下单方式的特点在于，随着货币价格的上涨，这种订单的执行价格会按比例上行，而当价格下跌时，执行价格则停止变化。假设我们在1.3500有若干欧元多头仓位，我们决定在1.3400执行跟踪止损订单。当欧元价格上升到1.3520的时候，我们的止损执行价便随之上升到1.3420。如果之后价格重新下跌，跟踪订单的执行价则会保持1.3420不变。

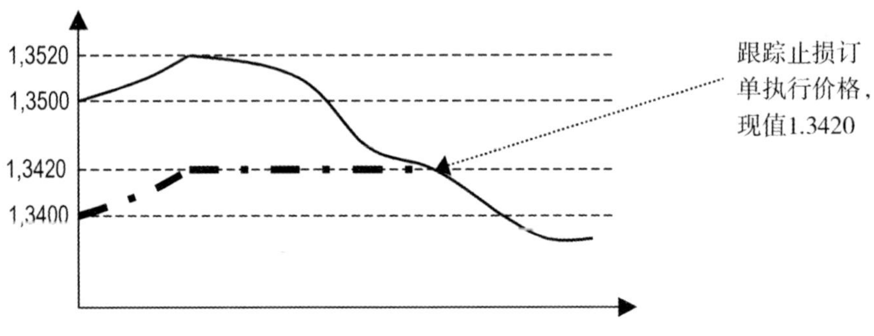

图 2-4:跟踪止损订单

假定成交订单(if done)

“假定成交订单”的前提是投资者首先定义一个主要订单，而“假定成交订单”的执行与否则取决于主要订单执行与否。这时候投资者就应该应用“假定成交订单”来下单。举个例子，假如EUR / USD的价格现在位于1.3520，我们在1.3500的位置下一个限价买入订单，并希望当这个订单被执行的同时再下执行价为1.3550的止赢卖单和执行价为1.3450的止损卖单。如果买入订单没有被执行，之后的两笔订单也都不会被执行。这里有一个帮助大家搞清楚止损和限价订单的好方法：限价订单和市场逻辑一致，当我们希望比现价低买入或者比现价高卖出的时候，我们使用的就是限价订单。相反，当我们希望比现价高买入或者比现价低卖出的时候，我们使用的就是止损订单。

G.如何在外汇交易平台上买卖

实时买卖

如果想以现价在外汇市场实时买入或卖出，我们就要在现货市场上交易。在外汇交易平台上,我们能通过一个“窗口”来得知外汇基本信息和报价。以下是一个例子：

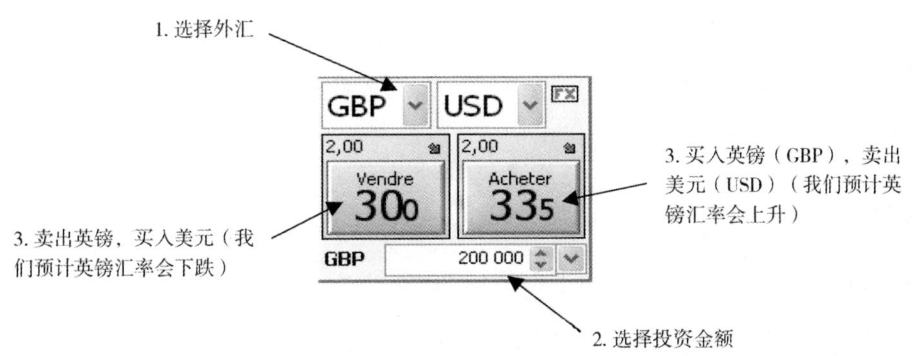

图 2-5:现货交易窗口

当完成第一和第二个步骤时,我们只需要轻松地点击“买”或者“卖”来确认订单同时建立仓位。即使是数以百万计的订单,拥有极高流动性的外汇市场都能帮你立即达成交易。

通过挂单买卖

如果你倾向于等待价格直到某个价位时才来买卖,那么你可以先下订单指令。在价格变动难以分析和市场趋势不明确的时候,这个方法非常有效。你可以选择和现货市场不同的开仓价格。在交易平台上,下这种订单的指令和上面下现货单的买卖指令类似。这种订单同样有一个窗口来显示必要信息。以下是一个例子：

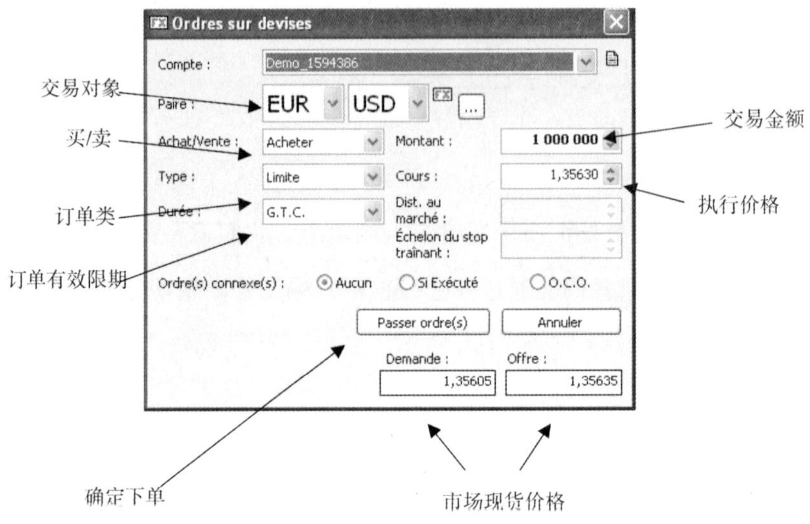

图 2-6:下单窗口

正如上图显示,我们需要为这个订单选择一个有效期限。通常我们都会选择“撤销前有效”(GTC,Good Till Cancelled),即在订单被投资者撤销执行之前一直有效。换句话说,选择了“撤销前有效”的选项,就意味着当汇率达到执行价格时,订单就会被执行,否则,在被撤销之前,会一直保持有效的状态。其他可选的有效期限大多数都有一定的时间限制,例如在一个交易日、一星期或者一个月之内价格没有达到执行价格,这些订单就会被自动撤销。当完成上面的步骤时,我们就能按“确定”来下达这个订单。

2. 每日及每年最佳的交易时段

外汇交易市场是常年不间断开放的,单独的个人投资者不可能时刻盯着外汇价格的变动和根据价格变动来及时买卖。为了增加获利机会和减少由于不确定的市场波动而引起的冲击,我们就有必要知道每天和每年的最佳交易时间段。我们不仅要了解财经日历和重要事项的公布日期,还要知道各种货币在每天各个时段的流动性和交易量的变动。

总体来说,外汇交易在各个时区都集中在每天的 7 点到 17 点。

下面的表格以点为单位显示了在 2006 年至 2008 年间, 按照区域和按照主要外汇种类划分的外汇价格平均波幅(根据各个时区最高点到最低点的差距)。

A.23 点到 11 点(北京时间 5 点 -17 点):亚洲外汇市场开放时间

亚洲外汇市场交投活跃时间从法国时间 23 点(北京时间次日凌晨 5 点)开始。这段时间主要的交易参与者是东京,随后是香港和新加坡。东京是亚洲地区最重要的外汇交易中心,也是亚洲地区每天第一个开市的外汇市场。

表 2-4:不同时区不同外汇的分时波幅(以点计算)

外汇	亚洲区	欧洲区	亚洲/美国区重叠时间	美国/欧洲区重叠时间	欧洲/亚洲区重叠时间
	23点到11点	8点到18点	13点到23点	8点到11点	13点到18点
欧元/美元	62	102	92	75	37
美元/日元	96	92	82	67	68
英镑/美元	78	131	113	92	49
美元/瑞士法郎	79	133	126	104	50
欧元/瑞士法郎	66	64	54	54	30
澳元/美元	45	64	56	46	24
美元/加元	55	114	102	86	37
新西兰元/美元	50	62	55	43	25
欧元/英镑	32	48	42	32	18
英镑/日元	131	172	22	116	70
英镑/瑞士法郎	110	179	149	126	72
澳元/日元	66	74	66	55	29

适合投机者的货币对:根据上面的表格,美元 / 日圆,英镑 / 瑞士法郎和英

镑 / 日圆在短期内有着较大的波动，在这个时段的最高点到最低点之间有超过 100 点的波幅，为投机者提供了丰富的获利机会。

适合谨慎投资者的外汇：澳元 / 日圆、英镑 / 美元和欧元 / 瑞士法郎比起其他货币对更受基本经济数据影响，不适合投机。

B. 13 点到 23 点（北京时间 19 点 – 次日凌晨 5 点）：美国外汇市场开放时间

根据 2004 年 4 月国际清算银行（BIS，Bank for International Settlements）发布的一份报告，纽约是世界第二大外汇交易中心，占全世界交易量的 19%。

适合投资者的外汇：英镑 / 美元、美元 / 瑞士法郎和英镑 / 日圆。它们平均波幅高达 140 点。

适合谨慎投资者的外汇：美元 / 日圆、欧元 / 美元和美元 / 澳元。它们的波幅处于中等水平，但有着良好的流动性。

C. 8 点到 18 点（北京时间 14 点 –24 点）：欧洲外汇市场开放时间

包括巴黎在内的欧洲外汇市场在 8 点开放（北京时间 14 点），是世界上最大的外汇市场，占总交易额度的 30%。在 12 组主要货币对中，半数在欧洲交易时间内都有着超过 80 点的波幅。

适合投机者的货币对：英镑兑日圆、英镑兑瑞士法郎。它们在欧洲市场开放时间的平均波幅超过 140 点。

适合谨慎投资者的货币对：新西兰元兑美元、澳元兑美元和欧元兑瑞士法郎。它们的平均波幅只有 50 点，利息差也比较具有吸引力。

D. 8 点到 11 点欧洲(北京时间 14 点 –17 点)/ 亚洲区重叠时间

在这个时段中,市场的波动并不是很剧烈,因为亚洲市场临近闭市,交易量较少。当然,这也和所观察时段的较短有关(3 个小时)。

E. 13 点到 18 点:欧洲 / 美国区重叠时间

这段时间外汇市场交投最活跃,每天大概 75%的波幅在美国外汇市场和欧洲外汇市场同时开放的时候出现。这段时间是偏好风险的投资者和当日交易(day trader)投机者最好的交易时段。

F. 每年的重要事件列表

- **中央银行的评论**:正如主导利率一样,各国中央银行对汇率的评论也是受广大投资者瞩目的重要消息。这些消息的发布可能会引起外汇市场的巨大波动。各国中央银行对本国汇率的评论也是投资者们判断后市走势的重要依据。
- **G8 会议:每年有 5 次重大会议值得关注**:各国首脑会议(每年 6 月或 7 月举行);两次外交部部长会议(根据传统分别在首脑会议之前和 9 月间举行);两次财政部部长和各国央行行长会议(分别在 2 月和 9 月举行)
- **年终歇市**:每年的 12 月 24 日到下一年的 1 月 1 日是西方国家的圣诞新年假期,在这段时间内外汇市场的交投会急剧减少。
- **黄金周**:黄金周是指每年的 4 月底到 5 月初的日本公众假期。黄金周期间有 4 个国民节日,这个时期的亚洲外汇市场交易额会大幅下降。然而,正因为有足够长的一周时间,利用日圆进行套息交易(Carry Trade)也可能是相当有利可图的。

- **日本财政年度末期**:日本财政年度在每年的三月底结束。日本投资者出于会计结算的原因,在财政年度结束的前几天会习惯性地抛售部分外币,回购日圆。

3. 掌握交易的每一个细节

在前面的章节里向大家介绍了外汇市场的基本知识。掌握了汇市常用的术语、外汇的基本特点、利用交易软件制定投资决策等,这些必要的理论知识,为我们迈出外汇交易的第一步做好了理论准备。在下面的内容中,我们将“变身”成交易员,模拟一天的交易过程,以便理解当日(day trading)这种模式。

在这个章节,会向大家展示交易员如何合理地组织安排日程使交易最优化,这些对于有志于进行专业投资的读者来说很具有参考意义。

当然,目的不是在于告诉大家这个时刻该做什么、那个时刻该做什么,而是会帮助大家根据各自的持仓情况和每个交易日内可能出现的不同状况来制定必要的交易步骤。

连接上交易平台之后,我们第一件应该做的事,就是检查我们的账户资金余额数量和持仓的变化。我们要时刻监视着已用保证金的比例,为了能继续持仓,已用保证金最好在任何时间都不超过50%。这个步骤看似简单明了,实际上能帮助你总结当天的每一笔投资,也为在以后的获利了结或止损离场提供参考。

这时候我们进入下一阶段:收集信息。投资者的背景不同,在收集信息上所花的时间也不同。以下是几种不同形式的公开信息:

● 报纸杂志的大字标题：通常标题所暗示的市场趋势都是不值得追随的。因为当我们看到这些已经被广泛公布的消息之后，再下投资决策，很可能已经太迟了。不过这也并不意味着我们应该根据这些消息来进行反向操作。

● 技术分析（详见技术分析章节）：技术分析是对价格走势图的分析，用于寻找支撑位和阻力位以及趋势、买入和卖出信号最佳买入和卖出点。

● 基本分析（详见基本分析章节）：基本分析是非常重要的分析方法，用于研究每日发布的经济数据（请参考基本经济指数表格）。我们能通过财经日历和实时财经消息获得这些经济数据。大多数交易平台都会提供这两种交易辅助工具。

● 每日财经评论由汇市专家撰写发表，我们能在交易平台和各大网站找到这些分析文章。

这些不同的分析资料能为我们提供一些可行的交易策略。当然，如同生活中其他事物一样，外汇交易也存在一定的变数。因此，投资者还需要结合自己的实践和经验，锻炼和发挥自己的直觉判断。

另外，我们要尽可能避免注意力的分散，比方说同时操作十几种货币对。作为汇市新手，应该集中精力，在同一时间最多关注两到三组外汇。事实上，大部分专业交易员往往只是专攻一组外汇而已！

现在让我们重新回到交易这个部分。也许在掌握了以上这些信息后，你已经跃跃欲试，并且迫不及待地想要在汇市中投下交易订单了！但其实完全没有必要这样着急！记住：**交易的首要原则是选择理想的入市价位**。即使你已经坐在交易平台前也并不意味着就一定要进行交易。

现在假设你有十足地把握认为英镑兑美元被高估。昨晚英镑创下三个月新高，而且包括 FOMC（Federal Open Market Committee，美国联邦公开市场委员会，美联储的货币调控机构）声明在内的各项经济数据都对美元利好。我们还在英镑兑美元技术分析图上看到了预示市场趋势反转的“头肩顶”形态。英镑兑美元现报 1.4300，你有理由相信这是卖出英镑的绝佳时机。

假设目前你的账户里有 1 万欧元保证金，并且已经持有 20 万欧元兑美元的美元仓位，盈利暂为 600 美元。也即意味着现时欧元兑美元的卖出价比之前的买入价已浮动并低 30 个点(20 万× 0.0001＝20，即每个点差价值 20 美元)。

然后考虑的资金杠杆效益，假设杠杆比例为最大化也就是 100:1，根据这个比例，你目前能够动用的资金大概为 100 万－20 万＝80 万欧元，其中的 20 万欧元已被用于支撑之前提到的欧元兑美元的美元仓位。

你可能希望把杠杆比例控制在 50:1 以下（也就是说不使用高于 50%的保证金)来控制风险。这就是说，目前仍剩余 30 万欧元来投资(50 万－20 万＝30 万欧元)。

基于谨慎的原则，你会运用逐步增仓的投资策略，也就是当每次获利的时候渐渐增加仓位。你的判断是 1.4240 左右为支撑位，1.4150 为目标价。

第一步：以 1.4300 现货价卖出 10 万英镑兑美元。

第二步：再下数量为 10 万的卖单，执行价为 1.4220(低于支撑位 20 个点差，因为只有当价格跌破 1.4240 的支撑位后汇率才会进一步下跌)。

第三步：我们下数量为 20 万的限价买单(获利平仓)，执行价为 1.4150。同时在 1.4360 位置下止损买单(控制损失)，数量为 10 万。然后根据情况修改这个止损买单的数量，如果 1.4220 的卖单成交了，我们就要把这个止损订单的数量改为 20 万。

这个交易策略是根据英镑兑美元而制定的。

这次交易可能的获利为：10× 150＋ 10× 70 ＝ 2200 美元

如果止损买单在 1.4220 的卖单之前成交了的话，这次交易的亏损为：10× 60 ＝ 600 美元

如果 1.4220 的卖单成交之后止损买单也被执行而限价买单未被执行，可能的亏损则变为 10× 60 ＋10× 130 ＝1900 美元。

我们能够看到，无论价格的走势如何，这次交易的获利期望总是高于亏损

的风险。剩下的工作就是实时监视所持仓位的变化了。当然,所有的订单还可以根据需要再进行修改。。

现在你可以暂时把外汇交易搁置一旁,专心你的其他事务或工作。到了晚上,当你重新登录交易平台,再看看外汇市场走势如何。

由于欧元兑美元又下跌了 10 点,因此,你之前所持的仓位目前累计获利 800 美元。我们之前在低于现价 10 点的位置下了平仓买单,但是你可能会觉得欧元下跌趋势很可能已经完结, 于是我们在平仓买单被执行之前选择即时平仓。这时候,我们现价买入 20 万欧元兑美元结束 20 万的卖方仓位,与此同时未被执行的平仓买单也被取消了。这样我们在这笔交易中实现了 800 美元的盈利。

同时,你对英镑兑美元的直觉和分析判断也获得了回报:英镑兑美元下跌了 90 点,报 1.4210。1.4240 的支撑位被击穿,1.4220 的卖单也被成交。现在的仓位为卖出 20 万的美元,目前浮动利润为 1000 美元(10×90 + 10×10 美元)。你认为美元还有可能的下跌空间,于是保持仓位水平。

在今天早上浏览财经日历的时候,你注意到格林威治时间 19 点 30 分(北京时间次日凌晨 3 点 30 分)美国消费者信心指数(密西根大学)将会公布。你也在主要经济指标一览表里看到,作为一项重要的经济数据,这个消息会影响美元走势。其上月指数为 90.2,本月市场预期为 91。现在是 19 点 15 分,我们持有美元并且与市场预期一致,一切都在往好的方向发展。

然而你并不确定市场的预期是否会实现, 也不知道即使实现市场预期,数据发布之后,市场也只是小幅冲高之后迅速回落。因此,你决定根据公布的指数来下单,而不作任何限价或止损挂单交易。但是你仍然有必要提前确定好获利了结或止损离场的心理价位。

买卖对象:欧元兑美元。19 点 30 分:最新美国消费者信心数据公布结果为 93.4。这是对美元的重大利好消息! 你立即卖出 10 万欧元,欧元兑美元价格在 30 秒后从 1.3124 下跌到 1.3097。这时你认为盈利已经相当可观,便回购 10 万欧元来平仓。虽然欧元的价格在平仓后持续下跌,但这并不重要,你已经实现获利 270 美元,而且所持有的另一个美元仓位也借助美元上涨趋势在持续盈利。英镑兑美元的报价跌至 1.4160,非常接近我们的目标价格。

至此今天的交易告一段落,你现在可以安心地关闭交易平台。

当然,这个虚构的交易日只是一个例子。然而,从中我们能看到只要利用少量的时间和精力,和对基本交易工具的简单掌握,我们就可以在汇市中获利成功。在这之后,每个投资者的功课在于研究出自己的交易方式和培养出自己的交易风格,更注重于研究而不是凭直觉投资。汇市交易最重要的一点是**相信自己的判断才能获得最大的盈利**。

4. 如何选择优秀的经纪人

毫无疑问,外汇经纪的选择是个至关重要的问题！掌握了外汇的基本知识之后,只要再继续仔细研究本书第三章的技术分析,再加上一些练习,你就能开始实际的外汇交易了。

想要在外汇交易中获得进步,最好的方法就是在可以免费下载的交易平台上进行为期 10 天到一个月的模拟交易训练。通过模拟交易,你可以验证所学的理论知识和熟悉外汇交易工具的运用,但你要是认为这样便绰绰有余,那你可就大错特错了！交易心理是非常值得我们注意的一点,你在模拟交易期间在虚拟账户上做出的反应往往和在实际交易中是有所差别的。我不建议大家进行太长时间的模拟交易,因为在模拟交易期间所获得的结果,对此后的实际交易并不具有代表性。如果你在模拟交易训练结束之后,仍然希望进行更多的练习,你可以开设一个介于 5000 至 1 万欧元左右的真实账户,利用“迷你手”来进行实际演练,这样的交易要承担的风险最多不超过几欧元。

那么一个优秀的外汇经纪需要具备什么优点呢？我们在这一章中，会详细地探讨外汇经纪的筛选条件。我们的讨论范围只限于通过平台提供网上交易的外汇经纪。因为网上交易是大势所趋，相信在不久的将来会完全取代传统的电话下单方式。

买卖价差

外汇经纪在买卖价差上有着激烈的竞争。每个外汇经纪都尽可能地向客户提供最低的买卖差价。因为他们的共识是：在选择外汇经纪的时候，买卖差价的高低往往是影响个人投资者最终决定的重要因素。不同的外汇经纪提供的买卖差价不同，不同货币组的买卖差价也不同。外汇经纪会根据每组外汇的波动性和做市商的利润率来定出不同的买卖差价。

最常用的参考标准是汇市交易量最大的欧元兑美元的买卖差价。只有极少数的正规外汇经纪在欧元兑美元上提供两点以下的买卖价差。我们需要注意那些提供一点或以下差价的券商，他们在执行我们的订单时经常出现差错（非即时交易、买卖点差在交投激烈时变得更大），而且在资金安全性上存在很大问题（经纪破产时没有银行承担）。

因此买卖价差并不是我们选择外汇经纪的唯一标准！

做市商还是普通外汇经纪？

我们有几种途径进入外汇市场。外汇经纪可以是做市商，也可以是一个只提供从做市商或“无交易员模式”（No Dealing Desk）那里获得的实时外汇报价的交易中介。很多外汇经纪用“无交易员模式”作为卖点，来标榜自己的系统透明度，因为这个平台显示的外汇报价是与系统相连的银行直接提供的。其实，这只是外汇经纪的营销手法。试想想，处理着成千上万的“小额”交易，而每笔“小额”交易涉及金额至少在百万以上，这样的一个庞大的外汇银行同业市场，真的存在于世界上吗？否定的答案是显而易见的。使用“无交易员模式”的经纪商通常正是因为不具备管理交易风险的能力,所以才将“做市”这一块业务外包。由此产生的问题是,那些隐藏在平台后面提供市场价格的做市商们和经纪商的客户利益不一致。

外汇经纪的市场地位

综上所述,我们很必要了解做市商的市场地位。只有有着良好地位的做市商,才会有获得投资者的广泛信任,才能保证交易平台的稳定同步和安全可靠,才能为我们提供最有效的外汇交易工具。

相信大家都知道怎么去调查外汇经纪在市场的地位。通过浏览互联网,我们就能找到所需的经纪信息。要记住外汇市场就像一个批发市场,而找到优秀的供货商是非常重要的。

银行担保

选择外汇经纪的另外一个标准是坚实的银行担保。2005 年 10 月,当时全球排名第一的外汇经纪 REFCO 倒闭,因为没有银行担保,使得许多 REFCO 客户蒙受重大损失。从信用危机初期大规模企业倒闭的教训中,我们学习到,有银行担保与否也是选择外汇经纪的重要标准之一。在法国,盛宝银行为大家提供最佳的资金担保。作为一家银行,盛宝银行参与存款保险制度,所保证的金额高达 7 万欧元,是所有外汇经纪所能提供的最高保证额度。

稳定和高速的交易平台

只有稳定和高速的交易平台,才能保证外汇订单能即时和准确地被执行。我们能通过在这个交易平台上的平均交易总量来衡量交易平台的好坏。

买卖价差担保

当某些重要经济数据被公布时,外汇价格会因为投机交易的影响出现大幅度的波动,这时候是获利的好机会。然而,买卖价差的增加(也叫滑点)会降低甚至完全抵消这时候的获利。在挑选外汇经纪的时候,最好是选择提供稳定买卖差价的经纪,或至少是在主要外汇上和大幅波动时段以外提供稳定价差的经纪。

客户数量

我们很难得知某个外汇经纪旗下的客户数量。然而客户数量却往往是衡量一个外汇经纪稳定性的重要参考标准。获知相关信息的唯一方法就是直接向你的经纪提出这个问题。

外汇论坛上的受欢迎程度

浏览一下外汇论坛或其他财经论坛也是一个行之有效的办法。我们经常能在论坛上找到各种外汇经纪的客户,从而能得知他们对这些外汇经纪提供的服务和产品的满意度。

交易费用

大部分的网上外汇经纪不会收取任何外汇账户的开户费和交易平台的使用费。除此之外,我们也建议最好事先澄清是否存在以下费用:

- 保管费
- 转账费
- 订阅费用,用于获得实时的报价和消息
- 每月最低交易量

最低交易数量

在大部分情况下,外汇交易是没有单笔最低交易金额的。即使存在,这个金额往往也相当低。然而,有些外汇经纪只准客户以 5 万或 10 万为最小单位来交易，这种规定显然缺乏弹性。

陪伴和指导客户

在刚刚开始外汇交易的时候，外汇经纪通常会通过电话联系客户。这是向他们提出所有疑问的最好时机，能够帮助你清楚了解交易平台的功能和特点以及提供的服务和保证。定期地和客户交流，向客户提供免费的交易平台使用指引和交易入门培训以及即时的咨询服务，都是代表外汇经纪正规性的一些正面讯号。

外汇经纪的所在地

知道外汇经纪所在地是相当重要的。如果你的外汇经纪的所在地是在外国，你就应该先用电话与外汇经纪取得联系，确保他们之中至少有一个前台人员和你说同一种语言。此外，如果外汇经纪的总部是在避税天堂或者是在外汇经纪监督不严格的国家，我们在这些经纪处开户时要特别留心，因为通常情况下这些外汇经纪并不提供周全的存款保障。

实时的走势图和信息

时下的外汇交易平台的功能越趋完善。不仅提供外汇交易服务，这些交易平台还具有绘制走势图的功能，客户可以通过运用多种技术指标分析价格；客户也能够通过平台聊天功能即时与经纪进行交流以及获得最新的财经消息。其他许多的功能还需要通过模拟交易阶段去发掘。你可以向你的外汇经纪提出任何你能够想象的问题！因为你的终极目标在于寻找到满足最多上述优点的外汇经纪。盛宝银行，作为盛宝集团在法国的子公司，具备多种优势条件，也是法国国内唯一具有挂牌资质，也就是说受法国中央银行授权开展经纪业务的外汇经纪。接下来就由你做出你认为最佳的选择了。

第三章

外汇交易分析

第三章
外汇交易分析

1. 技术分析

技术分析的目的是提高我们交易的准确率。很多汇市新手对技术分析感到无从下手,觉得技术分析高深莫测。其实技术分析相对于其他分析方法比较简单,它是一种基于对价格走势图的研究来判断未来中短期价格波动趋势的分析方法。时下的交易软件大多都提供预设的技术分析工具,我们所需要学习的仅仅如何诠释这些指标。

当然这些技术指标也存在某些局限性,它们往往不够“人性化”,也不能反映市场的内在风险。技术分析通过单纯研究历史价格,并从中辨认出某些组合图形，找出其“运动规律”来预期未来走势。如果我们能够准确地理解和运用技术指标，技术分析可以帮助我们降低交易风险，找到最佳的买入和卖出点。

但是运用技术分析的同时，我们也要认识到一个事实：对历史数据的分析不一定能确切预计未来的汇率波动。因此，在进行外汇交易的时候，需要把技术分析和交易技术、经验、直觉和资金管理知识（详看第四章）结合起来一起使用。

另外，技术分析在外汇交易时并不是必不可少的。技术分析能为我们提供交易依据和帮助分析后市走势，但是仍有不少投资者并不依靠技术分析，而是参考经济消息和借助交易经验进行操作（详看“基础分析”章节）。

A. 价格和交易量

价格和交易量的分析是技术分析的基础。以下是几个基本概念：

开盘价：开盘价是指在某一时段内外汇市场交易开始时的外汇报价。由于外汇市场是不间断开放的，因此，外汇市场没有“真正的”开盘价。但投资者可以选择一个特定的时段（如每天的午夜或每 30 分钟），利用日本蜡烛图（详看下图）来进行研究。

收市价：收市价是指在某一时段内外汇市场交易结束时的外汇报价。和开盘价一样，收市价并不是“真实”存在的。因此，开盘价和收市价之间的差距才是研究的重点对象。

最高价：最高价是指在某时段内外汇价格所达到的最高点。

最低价：和最高价相反，最低价是指在某时段内外汇价格所达到的最低点。

卖出价（bid）或买方出价：卖出价是指在市场上卖出外汇的价格。

买入价（ask）或卖方出价：买入价是指在市场上买入外汇的价格。

交易量：交易量是指在某一时段内所有订单的交易总额。交易量往往与价格的波动幅度有一定的相关性。

持仓：持仓是指买入某些外汇而尚未平仓的状态。举个例子：假如我们买入

10 万美元兑日圆,那么我们在卖出 10 万美元平仓之前一直持有 10 万的美元多头仓位。

B.走势图

外汇走势图有多种形式。这些走势图能帮助我们跟踪外汇价格走势变化,找出买入和卖出点。某些走势图有特殊的含义,要读懂这些图的含义需要掌握一些特别技巧。这里我们会介绍三种投资者最常使用的走势图,这三种走势图都有以下共同的阅读方式:

- **横轴代表时间轴**
- **在图上横向伸展的曲线代表外汇价格的波动轨迹**
- **右边的竖轴代表价格。价格有两种坐标形式:普通坐标和半对数坐标。普通坐标是最常用的坐标,而半对数坐标则便于我们观察价格的长期趋势。**

曲线图

曲线图是反映价格最常用和最简单的图形:图形上相邻的两点被线段连接起来,这些线段最终构成一条“连续”的曲线,和这些点对应的是各个时段的收盘价。投资者能通过曲线图直接观察到汇率波动趋势。

图 3-1 是美元兑日圆的曲线图。通过这个曲线图,我们能很快地找到某一时段的价格波动幅度。这个曲线图的单位时段为 30 分钟,也就是说,组成这个曲线图的每一个点和美元兑日圆每 30 分钟的收市价对应。图形中的水平线代表美元兑日圆的最新价格。

柱状图

相比起曲线图,这种图形能为交易员提供更多的价格信息:最高价、最低价,开盘价和收市价。正因为这些优点,柱状图比曲线图更受投资者欢迎。因此,

图形上的每一个点被柱状图形所代替：

- **柱的上端代表该时段内的最高价**
- **柱的下端代表该时段内的最低价**
- **柱右端连接的短横线代表该时段的收市价**
- **柱左端连接的短横线代表该时段的开盘价**

图 3-2 是美元兑日圆 30 分钟的柱状图。我们能从这个走势图读出上述的所有信息。如果把所有柱右端连接的短横线用线段连接起来的话，我们就会看到上面介绍的曲线图。

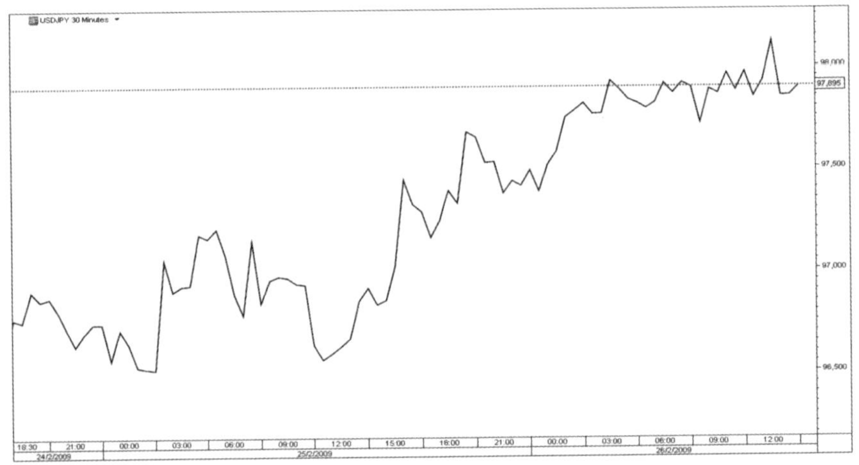

图 3-1：美元兑日圆 30 分钟曲线图

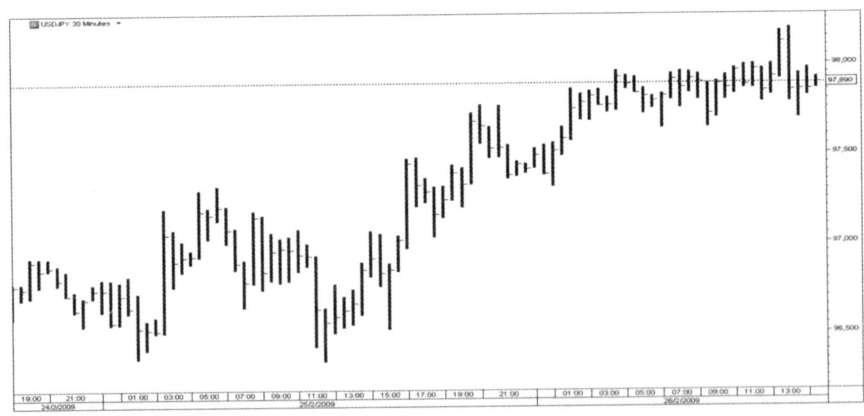

图 3-2：美元兑日圆 30 分钟柱状图

日本蜡烛图(K线图)

日本蜡烛图和柱状图相似,都是以柱的形式来反映某个时段内的最高/最低价和开盘/收市价,但是对这些信息的表达方式却有所不同。

首先,柱是蜡烛的"主体"。通常来说,如果某个时段内的开盘价高过收市价,这根柱就被标成黑色(这根蜡烛线也叫阴线),反之就被标成白色(阳线)。因此,对于黑色柱来说它的上端就是这个时段的开盘价;相反,对于白色柱上端就是收市价。

连接在主体上方的线段顶端代表这个时段的最高价格,连接在主体下方的线段底端代表这个时段的最低价。这些线段分别叫做上影线和下影线。

在下面的蜡烛图里,我们能找到主体较大的蜡烛线(K线)。当开盘价和收市价分别接近该时期最高点和最低点(或者分别接近最低点和最高点),并且价格上下波动较大的时候,这些主体较大的K线便会出现。

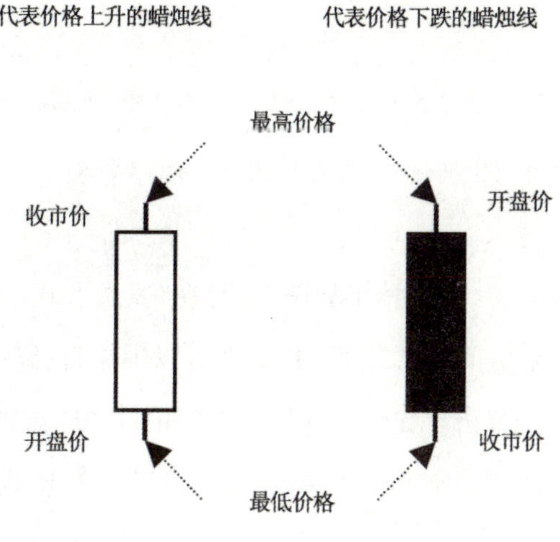

图 3-3:日本蜡烛图

蜡烛图把开盘价和收市价更加直观地表现出来。

蜡烛线同样也有几种特殊形状。例如,如果开盘价和收市价是同一个价格的话,对应的蜡烛线就是一个形似"十"的图形,我们称这种图形做"十字星"(doji)。

下图是美元兑日圆 30 分钟 K 线图。每根蜡烛线代表美元兑日圆 30 分钟之内的价格波动情况。

白色的蜡烛线代表该时段内的美元兑日圆汇率上升,黑色则代表该时段汇率下跌。

图 3-4:美元兑日圆 30 分钟蜡烛图

你可能也注意到了,这三种走势图,只是在"表达形式"上有分别,它们的反映出来的价格和分析区间是一致的。投资者可以根据自己的习惯和偏好来选择适合的技术图来进行分析。我们在这里推荐使用日本蜡烛图,因为 K 线图能提供比其余两种走势图更详细的价格信息,还能通过一些 K 线组合帮助我们分析市场趋势。

几种看涨的 K 线组合：

市场处于下降趋势当中，但随后可以看到一条长阳线出现在最后一根阴线之后。这根长阳线完全“吞没”了之前那根阴线的主体。

市场处于下降趋势当中，一条长阳线出现在最后一根阴线之后。这根长阳线的覆盖了前面的阴线大半部分并收于该阴线中位之上。

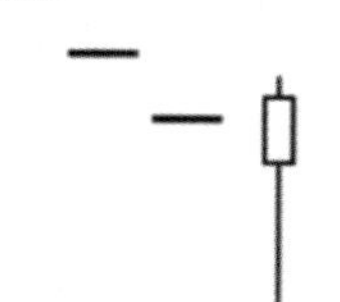

市场处于下跌趋势当中，下跌过程中出现了主体很短的阳线，这根阳线带着长下影线。

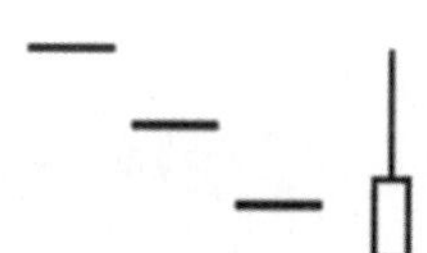

市场处于下跌趋势当中，下跌过程中出现了主体很短的阳线，这根阳线带着长上影线，主体接近前一根 K 线的低点。

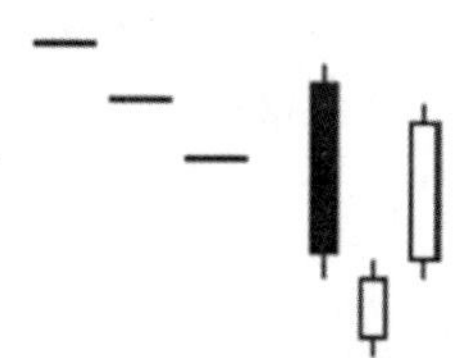

市场处于下跌趋势当中，下跌过程中出现了一根长阴线，接着是一根短阳线收于这根长阴线的下方。随后出现的另一根阳线的主体收于之前阴线中部上方的位置。

几种看跌的 K 线组合：

市场处于上升趋势当中，一条长阴线出现在最后一根阳线之后。这根长阴线完全“吞没”了之前那根阳线的主体。

市场处于上升趋势当中，一条长阴线出现在最后一根阳线之后。这根长阴线收于该阳线中位之下。

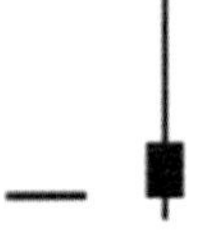

市场处于上升趋势当中，上升过程中出现了主体很短的阴线，这根阴线带着长上影线。

市场处于上升趋势当中，上升过程中出现了主体很短的阴线，这根阳线带着长下影线，形状看上去很像榔头。

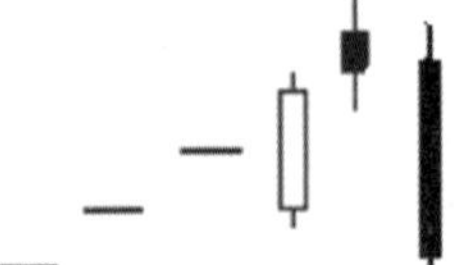

市场处于上升趋势当中，上升过程中出现了一根长阳线，接着是一根短阴线收于长阳线最高点的上方。随后出现的另一根阴线的主体收于阳线最低点的下方。

对于K线的使用，还有以下几点需要重要的注意事项：

● K线分析要结合其他图形分析工具一起使用。单纯的K线分析不能给出准确的买入/卖出信号。

● K线分析在市场出现新高/新低时更加有效。

● 分析时段越长，K线分析结果越准确。选取分析时段时，我们应该选取至少4小时的K线图。

● 因为外汇市场不间断交易的关系，由于选取时段的关系，开盘价和收市价可以有多种不同价格，因此也会存在多种不同的K形图。

C.支撑、阻力和趋势线

通过对走势图的观察，我们能发现一些关键点位，通过这些点位的分析能为我们更好地预计分析未来外汇价格的波动。

支撑和阻力现象

外汇市场比其他市场更讲究市场心理，因此在外汇交易中对支撑和阻力的分析尤为重要。支撑和阻力代表投资者的心理关口，外汇价格在达到这些关键点位时会出现反转。

当外汇价格在低位运行而不能向下跌破某个点位（即支撑）的时候，投资者会普遍认为是因为多头的增加使价格不能持续下跌。

实际上支撑线是由一系列前期低点所组成，代表着多头在支撑位上开始占据上风。支撑位是多头认为的最佳买入点。

当外汇价格在高位运行而不能向上突破某个点位（即阻力）的时候，人们会普遍认为是因为空头的增加使价格不能持续上升。实际上阻力线是由一系列前

期高点所组成。

下面是欧元兑美元日K线图。我们能很清楚地从这个K线图中看到支撑和阻力现象。其中,阻力位在1.6000,支撑位在1.5360/70。我们可以观察到,欧元兑美元汇率在由支撑和阻力组成的"通道"中运行。

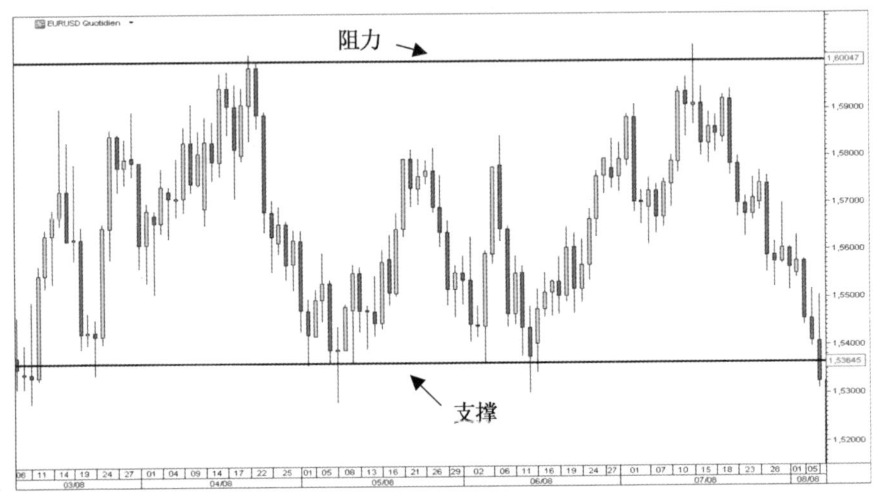

图 3-5:支撑和阻力

通过分析我们能制定支撑位买入和阻力位卖出的交易策略。不过按照这种策略进行自动交易会有很大风险。事实上,当投资者市场预期有重要调整时(例如经济数据发布),价格有可能突破重要心理关口,这时候市场会加速上升/下跌,而不是趋势反转。

在一般情况下,价格跌破支撑位是跌势加剧的一个强烈讯号;而价格突破阻力位则是涨势会加速的强烈讯号。我们回看一下上面的走势图,在11月底汇率击穿阻力位,此后汇率在阻力位之上继续上行。因此,当阻力/支撑被突破时,我们要对整体时段重新定义阻力和支撑位。很多情况下当阻力被突破时,会反转变成价格的全新支撑(同理对于支撑)。

趋势线

支撑 / 阻力线是涨跌反转的关键点位，而趋势线则是有特定趋势的上涨 / 下跌通道。通过支撑 / 阻力我们能找到价格运行的导向性“通道”，而我们能通过上升 / 支撑通道来找到市场趋势，而市场趋势就是一系列被突破的阻力点的连线(上升趋势线)和一系列被突破的支撑点的连线(下跌趋势线)。

下面是以星期为周期的欧元兑美元的趋势图，我们能从这个 K 线图中找到上升和下跌的主要趋势。这个走势图由两个主要阶段组成：从 2007 年 6 月到 2008 年 7 月汇率处于上升趋势，2008 年 7 月之后处于下跌趋势。我们的目的是找到市场趋势反转的时刻。

市场沿着趋势上升，我们把这时候的市场叫做“牛市”，相反如果市场沿着趋势下跌，我们就叫它做“熊市”。

图 3-6:欧元兑美元

我们能通过对比价格走势图、观察市场的长期表现和判断主要上涨 / 下跌趋势，以及找出支撑和阻力来发现投资机会。这些技术分析还能帮助我们降低交易错误率，例如，对市场趋势判断错误而做出反向交易。

D. 技术指标

找到趋势和支撑/阻力位之后，我们还需要借助一些技术指标来找出准确的买入和卖出点。技术指标通常是经过一系列数学运算而获得的，并且以曲线来表示结果，用于预计未来价格的波动。当然，技术指标并不是百分之百准确的，我们应该结合其他可用信息进行总体分析。

移动平均线

移动平均线是在技术分析中经常用到的分析指标。它是将一段时期内的外汇价格平均值连成曲线，来显示价格的历史波动情况，并推测未来波动趋势的分析方法。移动平均线有 7 种不同类型，在本书中只选取其中两种最常用的类型来研究：简单移动平均线和指数移动平均线。

简单移动平均线

简单移动平均线是连续 n 个收盘价的算术平均值的连线。

假设以天为单位周期，总的分析周期为 10 个单位（即 10 天），移动平均值就是最近 10 天的收盘价的总和除以 10（算术平均值），然后再在新的周期上重复这个计算步骤来推算往后的算术平均值。也就是说，移动平均值只能从第十个单位周期开始计算。

移动平均线通常是由一条连续的曲线表示，并实时反映外汇价格的波动情况。

简单移动平均线反映了投资者在过往 n 天的平均预期。如果当前外汇价格是高于其简单移动平均值，说明投资者现时的价格预期比过往 n 天的平均预期高。因此，当外汇价格从下穿过移动平均线，即价格上升并高于移动平均值，我们可以认为这是市场发出的买入信号（相反价格从上方下穿移动平均线则是卖出信号)。有些交易软件会自动向投资者提示这种买入/卖出信号的出现并和交易平台同时使用。通过对这个技术指标的运用,我们可以无时无刻不感受到市场趋势的“脉搏”。相反,这种指标也带给我们一定的风险:买入/卖出信号的出现往往是滞后的,这种滞后性会导致赢利的损失。尤其是当我们依赖短期移动平均线来操作时,往往会误判市场的长期趋势。

图 3-7 是欧元兑美元日线和 12 天移动平均线图。当欧元兑美元价格日线上穿和随后下穿移动平均线时,市场出现了准确的买入和卖出信号。不过,我们同样也能发现这些信号的出现比起汇率的变动稍稍有些滞后。移动平均线的运用虽然能帮助我们减少错误交易的风险,但不能自动地在买入/卖出的最佳点位帮我们进行交易。

简单移动平均线能使外汇价格的波动平滑化,更形象地把市场趋势,尤其是长期的市场趋势(200 天或以上周期)以图像形式表现出来。下图是欧元兑美元的日线和 200 天简单移动平均线图。200 天平均线反映了汇率的长期趋势。当这条平均线的趋势出现转向,也就说曲线倾斜率发生变化时,提供了一个赢利机会颇丰的长线投资的信号(在这里是买入信号)。

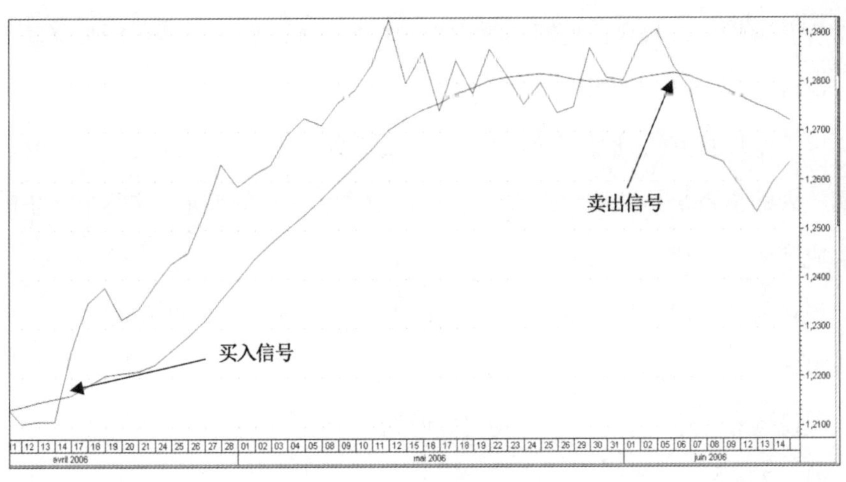

图 3-7:12 天简单移动平均线

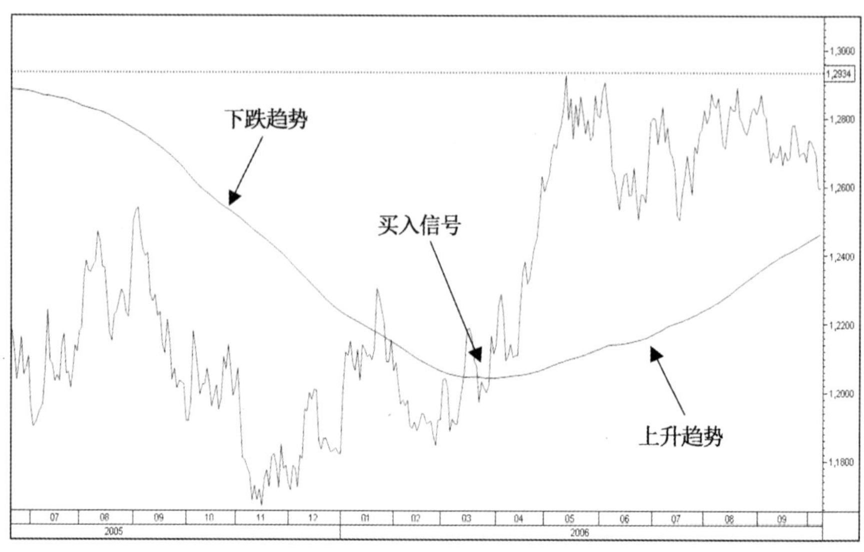

图 3-8:200 天移动平均线

指数移动平均线

和简单移动平均线赋予每个分析单位的收盘价相同权数相对照,指数移动平均线是对 n 个收盘价的加权平均。权数根据时间的远近而有所变化,早期的收盘价获得的加权数要比近期的收盘价加权数要低。因此在运用指数移动平均时,选择适合的加权方式是相当重要的。

以下是计算方法:加权总值为 100%,投资者对当天收市价给予 P1 的权重。而前一天的指数平均移动值则被给予 P2(=100% - P1)的权重。这两个结果的相加构成了当期的移动平均值。

现在需要确定的是权重 P1 的值。以下是一般通行的计算方式:

P1 = 2 / (分析单位数 + 1)

假设取 n=4 个分析单位数,我们能得到:

P1 = 2 / (4 + 1) = 0.4 即 40%

这时候我们便能够得到前一天的指数移动平均值的权重,P2 = (1－0.4) =

0.6 即 60%。

这样我们就能求得当天的指数移动平均值：

当天指数移动平均值＝0.4 × 当天收盘价 + 0.6 × 前一天指数移动平均值

相当多的投资者会根据自己的喜好和习惯将不同的 n 值应用到指数移动平均值计算中。以上面的示例来说，就是采用 4 天为分析周期数的指数平均移动值。

指数移动平均线和简单移动平均线的含义几乎完全相同，唯一不同的，是使用指数移动平均数时，我们能够根据情况为历史价格选择不同的权重。

其他技术指标

除了被广泛使用的移动平均线外，其他许多技术指标也能帮助我们更透彻地进行技术分析。我们会在下面简单地介绍 6 种以后可能会遇到并且使用到的主要技术指标。

★ MACD（Moving Average Convergence and Divergence **平滑异同移动平均线**）

MACD 是在研究不同时段的两条指数移动平均线的差异的基础上发展出来的，通常是利用短期 12 日移动平均线与 26 日移动平均线的聚合和分离来研究价格走势。这两个移动平均值的差在 0 上下波动，它的波动情况为我们提供以下交易依据：

- **当这个差值为正（即 12 日移动平均值大于 26 日移动平均值）时，表明价格处于上升趋势，**
- **当这个差值为负时，表明价格处于下跌趋势。**

我们把这个 MACD 与 MACD 的 9 天指数移动平均值放在一起进行比较（**注意：这里指得是 MACD 的 9 天移动平均值而不是汇率的移动平均值！**）。MACD 的 9 天平均线叫做信号线，或者叫启动线。因为当 MACD 的 9 天平均线和 MACD 相交时，MACD 通常会向零线靠拢。因此，当 **MACD 在信号线上方运**

行,表明市场发出买入信号,而当 MACD 在信号线下方运行,则是卖出信号。这些信息可以根据投资者使用的交易软件,在图上以代表买卖的箭头显示出来。

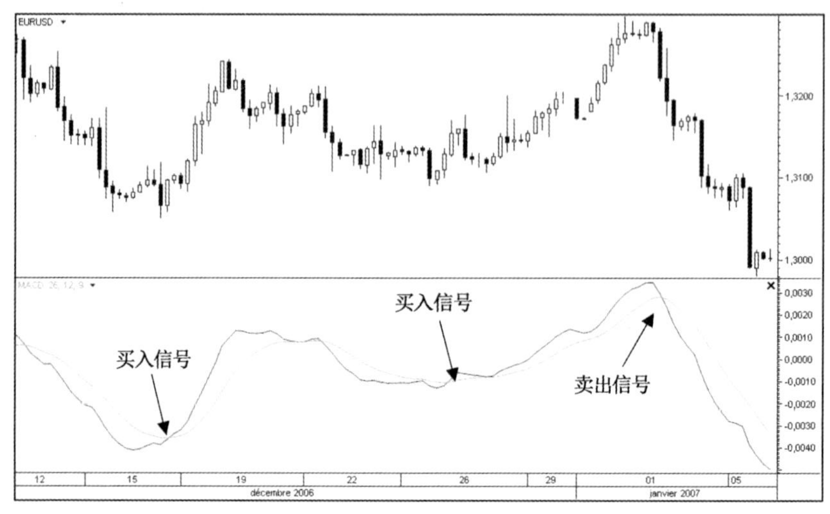

图 3-9:MACD

MACD 的优缺点和移动平均线大致相同。这些技术指标都有滞后的缺陷,因为他们显示出来的买入/卖出点比最佳交易点有若干时间的延迟。从上面的走势图我们能看出,在欧元兑美元价格开始下跌之后,卖出信号才被 MACD 指标显示出来。

动量指标(Momentum)

动量指标是用来衡量价格在某一时段内上涨/下跌的速度。这个指标是以比率的形式来比较汇率当日和 n 天之前的收盘价。因此当价格波动越大,动量指标的波动也越大。

虽然动量指标选取的区间可以从 1 天到 200 天之间不等,但我们最常用的区间是 12 天和 25 天。**其中 12 天动量指标,尤其是衡量中短期内超买/超卖情况的优良指标。**

动量指标越高,超买情况越严重;相反动量指标越低,超卖情况则越严重。

我们能根据动量指标来做出对应的操作：**动量指标急挫到低位后反转，这是买入时机；动量指标急升到高位后反转，这是卖出时机。**然而当动量指标出现峰值的时候，我们不应该急于进行操作，要等到外汇价格确认升势或跌势才能进行买卖。

下面的图由两部分组成：

- **上半部分是英镑兑澳元的小时图，**
- **下半部分是英镑兑澳元的 12 天动量指标。**

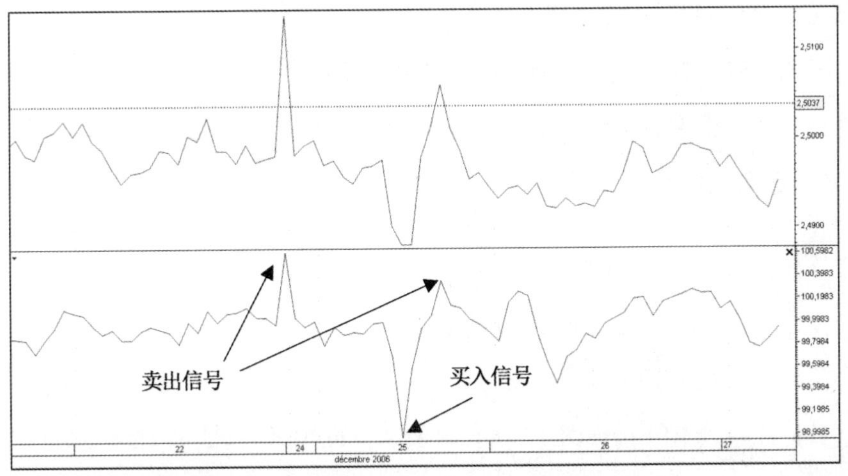

图 3-10：12 天动量指标图

我们能发现，动量指标比英镑兑澳元汇率的启动稍稍提前。因此，动量指标是一个先于价格给我们趋势反转信号的技术指标。但是，我们不应该一看到信号出现就立即买入 / 卖出，而应该等趋势正式反转和确认之后才进行操作。

相对强弱指标（Relative Strength Index，RSI）

相对强弱指标 RSI 是用于研究汇率波动广受欢迎的技术指标。这个指标通过计算过往 n 个交易日下跌幅度的平均值和上涨幅度的平均值来产生一个在 0 到 100 之间的摆动值。9 日，14 日和 15 日是 RSI 的最佳参数。9 日以下的参数我们不予考虑,因为过短的分析周期会令 RSI 大幅波动,从而给出错误指示。

使用 RSI 的关键之处在于分析它的“背离”(divergence)的出现(因此 RSI 是一项先行指标)。背离是指价格趋势和技术指标的运动趋势相反。**这种现象通常是市场面临重要转向的信号,因此判断背离是相当重要的。**汇率不断创新高(或下挫)而 RSI 没有同样以新高确定汇率的上涨趋势,这个现象就是背离。

除了判断背离的出现,RSI 还有其他用途:

- **如果 RSI 在 70 以上出现一个峰顶(或 30 以下出现低谷),后市的外汇价格很可能会大幅下跌(或大幅上升)**
- **当 RSI 反转并超越前期峰顶或跌破前期谷底,说明汇率很可能将会突破支撑或阻力(汇率脱离阻力支撑通道)。这现象也是我们常说的 Failure Swings(失败的振荡运用)。**

下图和上面的指标图一样,由两部分组成:

上半部分是澳元兑加元 30 分钟走势图,

下半部分是 RSI14 日指标图。

我们注意到 RSI 指标图中,标有两条水平直线,分别是 70 线和 30 线,是上文所说的两个代表超买和超卖的值。我们能通过两个技术图看到:

- **当 RSI 在 70 线以上出现峰顶时,澳元兑加元汇率在后市呈现跌势;**
- **当 RSI 在 30 线以下出现谷底时,澳元兑加元汇率在后市呈现升势。**

图 3-11:14 天 RSI 技术图

布林通道(Bollinger Band)

布林通道的基本理论认为汇率是在一定的区间内运行的。这个区间由移动平均线构成。通常我们选取 20 天指数移动平均线来做中线,在中线的基础向上我们加上某个标准差,构成阻力线。支撑线则是由中线减去这个标准差。这个标准差代表汇率的波动性,具有以下的含义:

- **布林通道越窄,说明外汇价格波动性越小,外汇价格趋于平稳。**
- **布林通道越宽,说明外汇价格波动性越大,外汇价格波动幅度激烈。**

一般情况下,当布林通道因为波动性降低而收窄之后,汇率会开始大幅震荡。我们可以通过以下 20 天的欧元兑美元小时图(其中标准差为 2)观察到上述现象。

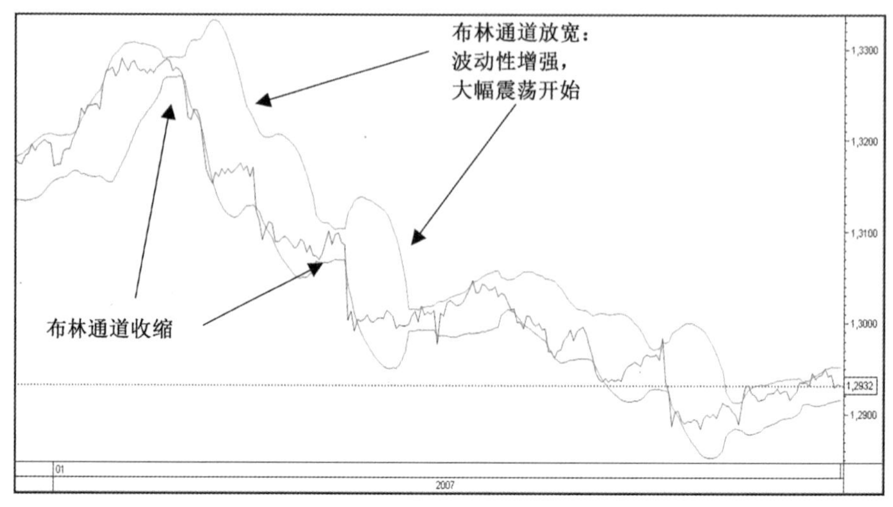

图 3-12:20 天布林通道技术图

我们还能够通过对布林通道的分析来预计汇率的未来波幅。以下是布林通道的使用方法：

• 外汇价格触及支撑线(或阻力线)后,很有可能反弹再触及阻力线(或支撑线)。

• 外汇价格触及上下线时,是买入/卖出的信号。

• 外汇价格大幅波动突破上下轨时,应该追随趋势继续买入/卖出。

• 当外汇价格突破轨道并出现顶峰/谷底之后,并且随后又在布林通道区域内再次出现顶峰/谷底,则是趋势反转的信号。

同样地,布林通道单独使用时并不能提供准确的交易依据,我们还需要结合其他技术指标对汇率进行分析。

顺势指标(Commodity Channel Index, CCI)

顺势指标是用于判断背离和超买/超卖区间的先行技术指标。顺势指标的计算过程相对复杂。因此,我们在这里主要讨论顺势指标值浮动与汇率波动性的关系。简单地说,顺势指标是衡量外汇价格对过往 n 个交易日统计平均值的偏离幅度。顺势指标通常在 -200 到 200 之间摆动。

顺势指标的诠释主要包含两点：

- **当顺势指标创下峰值(高于 200)，说明价格处于超出常态范围的高位，这时候价格处于超买区间(也即意味着理想的卖出点)。同理，如果顺势指标跌倒谷底(低于 -200)，我们应该买入。**
- **当外汇价格不断创下新高(或新低)的同时顺势指标无法超越前期高位(或低位)时，顺势指标出现背离现象。**

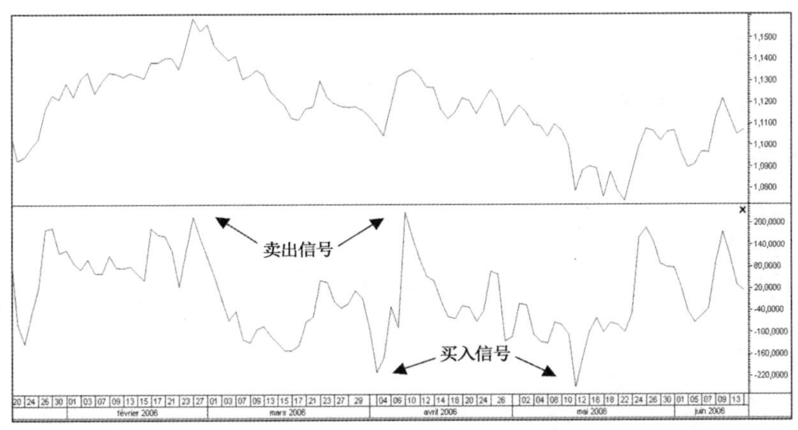

图 3-13:20 天顺势指标技术图

上图是澳元兑瑞士法郎日线图和 10 天顺势指标技术图。在图的右方是顺势指标的标度，范围为 -220 到 +200。

我们能通过这个图看到如何诠释顺势指标：当顺势指标在 +200 上方创下峰值后，澳元兑瑞士法郎汇率随即下跌。相反的现象则出现在顺势指标下挫到 -200 以下之后。

重申一下，顺势指标是一项先行指标。因此，在顺势指标发出信号时我们应该等待市场趋势确认后才进行操作。

技术指标能帮助我们预计价格的变动和确定买卖的最佳时机。因此我们应该逐一学习并加以对比，来为外汇交易提供更加可靠的依据。如果这些技术指标被运用得当，不仅能增加我们盈利的可能性，还能大幅降低亏损风险。

2. 基础分析

无论金融机构、政府、中央银行还是私人投资机构，都会定期发表各种报告——这些报告涵盖各种内容，有时会对金融市场造成巨大影响：

- 就业率和失业率
- 工业生产数据
- 家庭消费数据
- 经济增长率

这些报告可能是对经济现象的小结，也可能是对未来经济的展望。在金融市场中这些数据也被叫做“经济指标”，这些数据的公布或多或少会影响汇率走势。

在这节中，我们将会研究几个对外汇市场有重要影响的主要经济指标。这些指标涉及一些世界主要国家和经济体，他们的货币是汇市中交易的主要对象。这些国家和地区主要包括美国、欧元区、英国和日本。首先，我们简要介绍一下这些国家和地区的中央银行，因为中央银行对外汇汇率的影响是不容小觑的。

A. 主要中央银行

美国联邦储备局（Federal Reserve，FED）

在美国联邦储备局（美联储）出现之前，美国没有任何负责货币政策的金融机构。当时的金融市场紊乱无序，银行业因为更多地受到民众的信任而从混乱的市场中得益。为了改变人们对银行的看法，美国国会在 1913 年决定成立美国联邦储备局。时至今日，美联储成为世界上最具影响力的金融组织之一，被誉为“美国经济的守护者”。

美联储的组织结构

美联储的核心机构是联邦备委员会，它是一个联邦政府机构，其办公地点位于美国华盛顿特区。（The Board of Governors of the Federal Reserve）。委员会由 7 个成员组成，这 7 个成员由美国总统任命并经参议院批准，任期为 14 年。美联储主席也是由美国总统任命，负责管理联邦储备委员会。因为这个职位的重要性，美联储主席也被认为是除美国总统之外在美国最有权力的人。美联储负责监管美元货币流通和调节国际收支，因此美联储的政策大大地超越货币层面，而直接影响到美国国际政策的制定。

联邦公开市场委员会

美联储主席同样也是联邦公开市场委员会（Federal Open market Committee，FOMC）的主席。FOMC 每年举行 8 次会议对目前货币政策提出看法，尤其是对主导利率的调整提出意见，而美联储则负责采取必要措施来保证美国经济和银行系统有序良好地运作。FOMC 的每次会议后都会由美联储主席向公众发布会议决定。因此，每次 FOMC 的会议都是非常重要的时刻，即使是早已经预料到会议决定的投资者，也会和其他参与者一样对会后消息发布屏息以待。

格林斯潘时代的美联储（1987 年到 2006 年）

1987 年，61 岁的艾伦·格林斯潘当选美联储主席，在此之前，他曾是独立的经济顾问。在美联储主席任期中，他总共经历 4 届总统。格林斯潘是自由主义的狂热支持者，他对经济前景的分析和判断，总是为美国经济的发展方向提供指引，同时也对世界金融系统做出巨大影响。德国杂志《*Die Zeit*》甚至这样评价格林斯潘：“迄今为止，美联储没有任何人能比格林斯潘更清楚地理解美国金融银行家们的想法并与之相契合，也没有任何人能像他那样洞悉货币政策中的缺陷和陷阱。”

现任美联储主席伯南克

“继承传奇人物衣钵的伯南克将面临巨大的考验”，美国总统布什在任命伯南克为美联储主席时这样说到。从2005年6月开始，伯南克便是总统经济顾问团的负责人。在此之前，伯南克还担任过3年的央行监察委员会成员。与格林斯潘不同的是，这位新任的美联储主席虽然没有实际的金融从业背景，但却是货币理论的大家。2006年1月1日起就任的伯南克需要在美联储主席的位置上证明自己的能力。美国次贷危机之后的世界经济衰退和金融市场的混乱失序，给了他绝佳的表现机会。2008年开始，美联储就采取了经济扩张政策，逐步把利率下调到接近0的低水平位置。这样做的目的在于消除通缩阻力的同时，向市场重新注入大量流动性以便重新激活经济。事实上，伯南克被任命为联邦储备局主席，一部分原因可能正是他具备处理通缩问题的丰富经验。他推行的货币政策，在美联储的历史上前所未见。伯南克之前的美联储主席，大多信奉弗里德曼或凯恩斯理论，因此，伯南克采取的金融危机应对措施被人们称为“非常规”。然而，2009年将会是充满挑战的一年，伯南克“非常规”的货币政策成功与否在2009年之后自有分晓。

欧洲中央银行（ECB，European Central Bank）

欧洲中央银行成立于1998年6月1日，旨在通过管理欧洲央行系统，确保欧洲经济和货币联盟的良好运行。欧洲中央银行的主要任务是维持物价平稳，制定欧元区货币政策和稳定欧元对其他货币的汇率。

欧洲中央银行主要部门

欧洲中央银行主要有三个重要部分组成：董事会、欧洲央行委员会和扩大委员会。

- **董事会**：董事会由行长、副行长和四名董事组成，他们由欧元区成员国元首或政府共同任命。这个部门的主要职责是在欧元区执行欧洲央行委员会制定的货币政策。董事会会向 13 个成员国央行下达指令,并负责组织欧洲央行委员会会议和打理欧洲央行的日常事务。

- **欧洲央行委员会**:欧洲央行委员会是欧洲央行的决策性机构。这个机构由 6 个董事会成员和 15 个欧元区成员国的央行行长组成，每个成员都享有投票权(当成员国数量增加时,委员会将会采取轮值制度)。央行委员会的主要任务是制定欧元区的货币政策。商业银行向国家中央银行借款的借贷利率也由这个机构确定。因此,欧洲央行委员会的货币政策能影响整个欧元区的利率水平。

- **扩大委员会**:欧洲央行扩大委员会由欧洲央行行长和副行长以及欧盟 27 国国家央行行长组成。这个部门包括了欧元区在内的欧盟所有国家。除了提供咨询意见以外,扩大委员会的任务还在于执行欧洲央行的临时政策,为整个央行的报告提供统计信息整合等等。

克洛德·特里谢(Jean-Claude Trichet)是现任的欧洲央行行长。他在 1993 年被任命为法国银行行长,1999 年成功连任。2003 年 10 月 1 日,特里谢接任欧洲央行第一任行长维姆·德伊森贝赫(Win Duisenberg)的职位,任期 8 年。特里谢为欧洲央行制定的主要任务是控制通货膨胀,信用泡沫的爆破令这个任务变得无比艰巨。事实上,欧洲央行在利率上推行紧缩政策的意图举步维艰。从 2007 年 6 月到 2008 年 7 月,欧洲央行采取平稳利率的政策,原因是上调利率会加大次贷危机引发的经济下行风险,而下调利率又会加剧通货膨胀(2008 年中期通胀达到了 4%)。2007 年 7 月,为了压抑通货膨胀,欧洲央行决定将利率从 4%上调至 4.25%,而同时期的其他中央银行却纷纷开始调低利率。2008 年 10 月,欧洲央行出人意料地公布利率下调 0.5%的消息。此举是为了降低欧元区经济下行的风险。此后,央行再次将利率下调 0.5%,同年 12 月,欧洲央行决定大幅下调利率至 2.5%,创下欧洲央行史上利率最大下调幅度。2009 年 1 月 30 日,利率再次被下调至 2%。

欧洲央行的主要任务

欧洲央行的主要任务是维持欧元区的价格平稳和实施可靠的经济政策。欧洲央行有几个主要责任，其中之一便是作为唯一的权威机构批准欧元区成员国央行纸币和硬币的发行，以及制定货币发行的合适数量。欧洲央行也是处理国际关系的主要机构，也和欧盟以及国际主要机构有着密切合作的关系。欧洲央行和欧元区成员国央行共同组成的欧元体系（Euro system）负责实行合适的货币政策，使金融系统稳定运作。因此，欧洲央行也是银行业的监督机构。

欧洲中央银行体系（European System of Central Bank）

欧洲中央银行体系是由欧元体系和欧盟区非欧元体系国家的中央银行组成的。欧洲中央银行体系的主要目标是维持物价平稳。为此，欧洲央行体系的任务包括落实欧元区的货币政策、管理外汇业务和维持支付系统的良好运作。欧洲央行体系同时负责持有和管理欧元区成员国的官方外汇储备。

英格兰银行（Bank of England，BoE）

英格兰银行于1694年成立。她的诞生造就了英国商业的蓬勃发展。“二战”结束后，1946年英格兰银行被收归国有。1997年改为受英国金融服务监管局（Financial Service Authority，FSA）的监管，英格兰银行又重新变成独立机构。1997年也是英国货币政策出现巨大转变的一年，这一年英国选择拒绝加入欧元区。英格兰银行因此巩固了她在金融业的地位。实际上，英国选择了保留英镑为国家货币，使得英镑资产在面对弱欧元时更具吸引力。与此同时，也采取比其他央行更宽松的汇率制度。

自1991年就加入英格兰银行的默文·金恩在2003年6月20日接任爱德华乔治爵士成为新一任的英格兰银行行长。

英格兰银行的主要任务是维持英国货币汇率和金融制度的稳定。值得一提的是，伦敦是世界最大的外汇交易市场。和其他中央银行一样，英格兰银行为了对抗经济衰退，大幅下调主导利率，来避免通货紧缩和刺激经济发展。出于对英国疲软经济的忧虑，投资者大量抛售英镑，而英格兰银行在英镑汇率处理问题上并没有采取任何保护措施。英格兰银行很可能会追随美联储，在随后的日子里采取货币扩张政策。

日本银行(Bank of Japan,BoJ)

日本银行是日本的中央银行。日本银行在1882年明治维新之后成立。明治天皇在1871年统一了日本货币,使日元成为日本的统一货币。在此之前,日本的每个藩都有各自的货币,货币系统的混乱大大限制了国内的贸易发展。日本银行因此肩负着制定国家货币政策的职责,以及对银行纸币发行的实施监管。

早在1997年之前,日本银行就因为过度受政府控制而受到强烈批评。但直到1998年4月1日,在一系列丑闻曝光之后,日本央行才脱离政府控制开始独立运作。

日本银行的主要任务:

- **执行货币政策**
- **监管货币发行**
- **确保日本金融业平稳发展**
- **发表经济报告**
- **参与平衡国际贸易收支**

随着布雷顿森林体系的结束和浮动利率制度的实行,日本银行的角色越加鲜明。为了打击假币的流通,日本银行数次更新纸币的图案;日本银行还要根据所处的不同经济周期状况,干预日元的升值或贬值。

日本银行行长在日语中被称为“总裁”(sosai)。福井俊彦(Fukui Toshihiko)从2003年3月20日开始担任日本行长。福井俊彦此前曾出任日本银行副总裁一职,随后在1998年离开日本银行。他的目标和前行长速水优(Masaru Hayami)基本一致:制定一套兼容并蓄的货币政策来控制通缩。但福井俊彦在2006年决定结束从2001年以来开始实行的“超宽松定量货币政策”,这个政策一直为银行体系提供足量甚至过量的流通性。

2008 年 10 月,日本银行决定将主导利率从 0.5%下调到 0.3%,以压制日元兑美元的大幅升值。在此之前日本银行很长时间没有调整过利率,套息交易一直长期有利于偏低的日元汇率,而日元的低位运行也有利日本经济发展。日本银行在 2008 年 12 月再次下调利率至 0.10%,下调幅度为 20 个基点。

B. 经济日历

在表 3-1 中,我们能找到各种经济指标的名称、应用范围、发表周期 / 日期、优缺点和重要性,其中重要性用以下方式表述:

+++++ **非常强**

++++ **强 / 中等偏强**

+++ **一般**

对外汇影响相对较弱的经济指标(++ 中等偏弱或 + 弱的类型)我们在这里不作详细讨论,以便将重点放在主要部分上。

财经日历能够提醒我们每项重要经济数据的发表日子,因此,正确使用财经日历对于每个想要进行外汇交易的投资者都是至关重要的!我们建议你了解每个经济指标发布的时刻,这些经济指标通常会在交易平台上显示或是电子期报中发布。浏览财经日历时还要看清楚经济指标发表地点的时区,通常这些时刻都以格林威治标准时间标记。巴黎在冬令时比格林威治快 1 小时,夏令时快 2 小时。下图是经济指标对汇率影响的例子,反映了外汇价格在主要经济数据发表时的走势变化。

怎样读懂经济指标?

对某个时期的经济指标进行单独分析是毫无意义的,我们要把它与前期的数据放在一起进行比较。另外,虽然经济指标对金融市场的走势有重大的影响,但是它们的影响力并不是来自这些数据的本身,而是来自这些数据和市场预期的差距。假设每项经济指标的发表对市场都有一定影响,当经济数据越“令人吃惊”,这项经济指标对汇率的影响力就越大。

以欧元兑美元作为例子,当非农就业数据(Non Farm Payrolls)、国内生产总值(GDP)、收支平衡、美国 ISM 和欧元区 IFO 数据出现“不符合市场预期”情况时,这些数据对市场影响更大,因为这些数据涉及消费者信心,收支平衡和美国消费水平(见下表)。我们还能在表格中找到这些数据的缺点和对某些指标重要性的评论。

为了更好地分析这些统计数据(通过指数或数值表示的经济指标),我们可以用以下几种比较方法:

- **(市场预期共识)市场预期中位数**
- **市场预期下限**
- **市场预期上限**
- **市场预测数量**
- **官方发表数据**
- **修正后数据**

大部分的交易平台都会提供以上信息。我们需要做的是了解这些数据并基于对这些数据的综合分析来事先预估市场反应,提前制定好消息公布时的交易策略。

在经济指标发布的时候,市场通常会第一时间对这些数据的公布作出反应,因此我们要及时进行交易,在汇率的快速变化中赚取最大利润。但有时某些数据的公布(例如利率突然的上 / 下调)也会引起市场趋势的完全反转。

然而,我们仍然建议等待经济数据发布,并观察汇率走势之后再进行操作,当然也不要等待太久。通常情况下,如果你想尽可能地利用信息发布进行交易,30 秒的等待时间可以保证你的操作与汇率波动趋势方向一致。不过这个等待时间可能会需要根据数据与市场预期的差距进行调整,当这个差距很大时,30 秒的等待时间很可能会令我们失去巨大的获利机会。这种情况下,另外一种交易策略就是在消息发布之后继续观望，在投资者获利返市和外汇价格回调时再进行交易（详看第四章 2.D）。

美国主要经济数据

对美元汇率影响最大的主要经济数据为：非农就业数据、制造业指数（ISM）、芝加哥采购经理人指数（PMI）和消费者信心指数。

非农业就业数据　-1月9日星期五格林威治时间13时30分
→13时29分　1.3735
→15时30分　1.3510

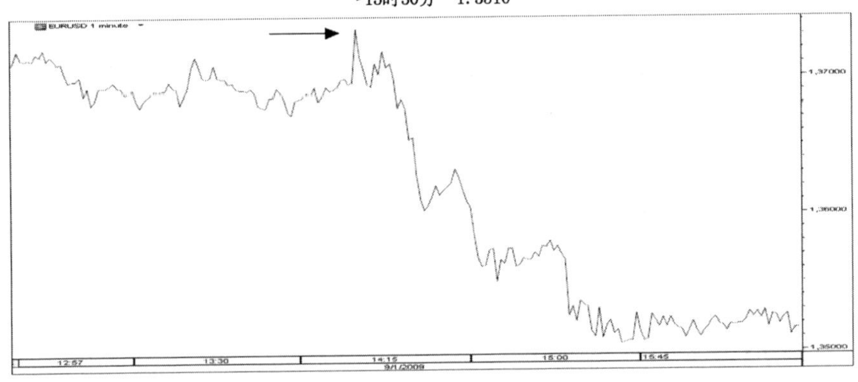

图 3-14：欧元兑美元 1 分钟图，非农就业数据

制造业指数　-2月2日星期一格林威治时间15时
→14时59分　1.2780
→16时20分　1.2845

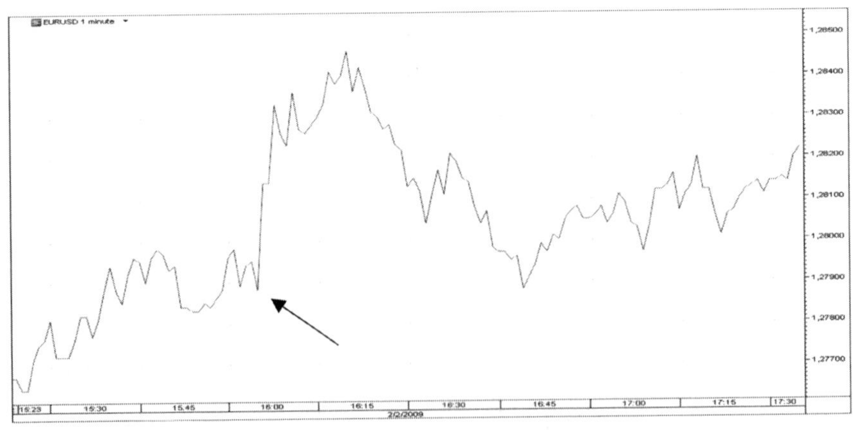

图 3-15：欧元兑美元 1 分钟图，制造业指数

FOMC会议纪要（FOMC会议三星期后发表）-2009年1月28日星期三格林威治时间19时15分

→19时15分　1.3265

→19时30分　1.3110

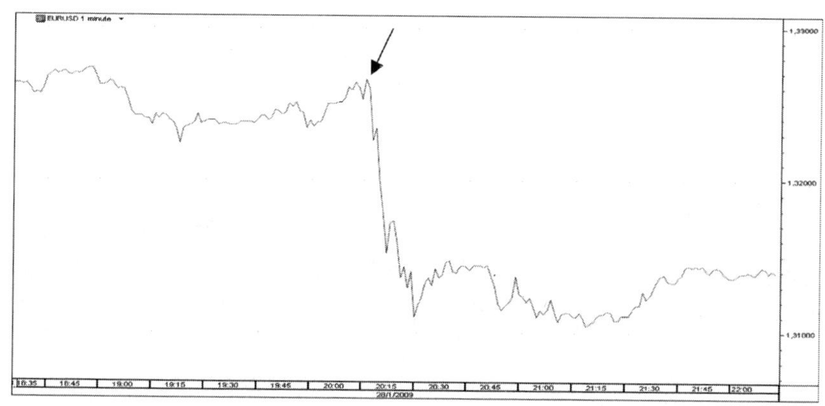

图 3-16:欧元兑美元 1 分钟图,FOMC 会议纪要

芝加哥采购经理人指数PMI（每月最后一日发布） -2009年1月30日格林威治时间14时30分

→14时30分　1.2895

→15时00分　1.2850

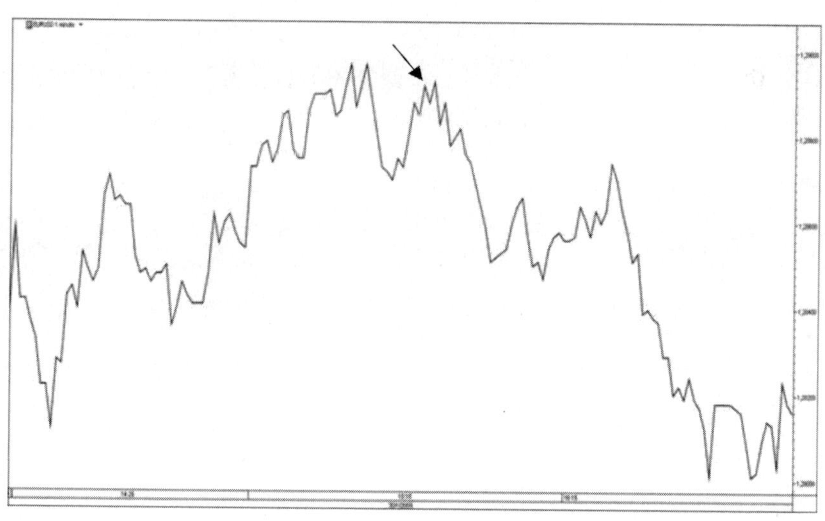

图 3-17:欧元兑美元 1 分钟图,芝加哥采购经理人指数 PMI

消费者信心指数（Consumer Confidence） —2009年1月27日星期二
格林威治时间15分
→14时30分 1.3215
→15时10分 1.3120

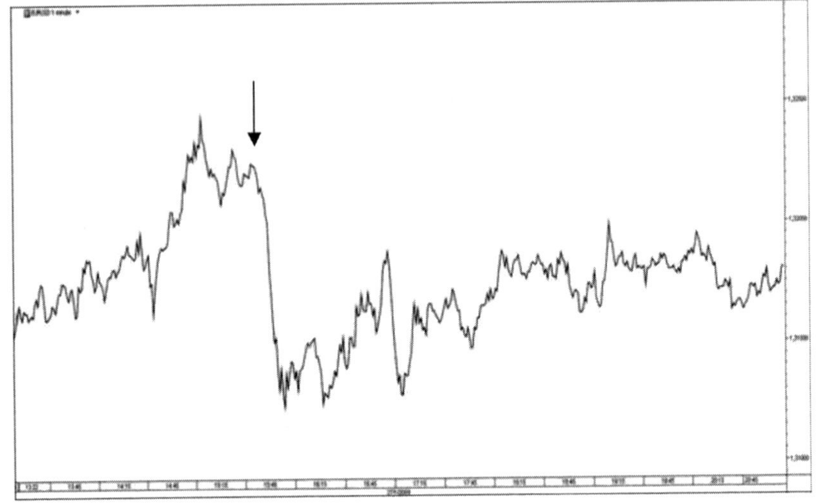

图 3-18:欧元兑美元 1 分钟图,消费者信心指数

经济指标领域	指标名称和应用范围	发布周期和日期	优点和市场影响力	局限性
就业市场	➢ **就业报告**：就业报告，非农就业数据。 ➢ **机构调查**：工资调查，工时调查等。 ➢ **家庭调查**：调查就业率，失业率等。	每月发布：每月第一个星期五发布上一月数据。	+++++ 涉及私营部门和公众机构的非农业就业人数，反映新增就业职位数量。 +++++ 95%调查者回应，错误率低。	仅60%的受调查者及时回应，因此需要多次修正（错误可能性高）。 没有区分全职/兼职职位，没有区分临时职位，因此需要多次修正（错误可能性高）。
	失业救济申请：计算每期总失业救济申请人数和新增就业救济申请人数。	每周发布：每星期四发布。	++++ 反映新增失业人数（能显示经济衰退迹象）和市场就业情况。	无法反映新增职位数量/波动幅度大，需要考虑每月平均数。
经济增长	**国内生产总值（GDP）**：衡量国内生产的商品总价值。	每季度发布：每季度结束一个月后发布。	+++ 反应国家经济增长预期状况。	每季度结束一个月后发表，因此不能及时反映经济状况。
生产	**领先经济指标：** ➢ **制造业指数**（ISM，Institute for Supply Management）：通过5项标准反映制造业环境：生产，新增订单，就业，交货限期和库存。	每月发布：每周第一个工作日发表上月数据。	+++++ 能有效反映制造业发展情况（指数高于42.7：经济扩张期，高于50：制造业扩张期，低于50则为制造业收缩期）。	PMI指数比ISM波动性更大，有时可能失效。
	➢ **采购经理人指数**（PMI）：和ISM类似，但只调查美国中西部制造业公司。	每月发布：每周最后一日发布。	+++ 发表于ISM数据之前。	
	工业生产：每月生产效能使用比率。	每月发布：每月大概15日发表上月数据。	+++ 虽然制造业只占总体经济大约20%的比率，但行业周期性非常强，因此该指数能反映行业周期和周期的变动情况。	和其他行业相比，工业更容易遭遇特殊事件如罢工，异常气候；只有55%的情况下能够得到及时地信息反映实时经济状况。
	耐用品订单（Durable Goods Orders）：反映生产部门接到的预计使用时效大于3年的工业品订单。	每月发布：每月结束3-4星期后发表上月数据。	++++ 反映工业发展环境和投资情况。对投资和国内生产总值关联性大的金融产品有较好的参考性。	波动幅度相当大（耐用品包括飞机，国防物资，而这些订单数量并不稳定）。

表 3-1：美国主要经济指标

续上表

消费	**零售销售指数**：以美元为单位表示的每月零售额。	每月发布：每月结束15日后发表上月数据。	+++ 最早公布的家家庭消费指数（GDP的主要构成部分）。	该指数只反映总消费的1/3，受物价波动影响。回应率低（50%），需要更新调查来达到有效样本数量要求。
	个人消费支出（PCE，Personnal Consumption Expediture）：统计个人消费支出（商品和服务），数据会以价值（最常采用）和数量（最受关注）方式表达。	每月发布：每月结束4-5星期后发表上月数据。	+++ 很好地反映消费趋势。	数据发布时还不能获得每季度最后一月的数据。
	密歇根消费者信心指数：调查消费者总体感觉，现状和预期（美国家庭财务及对于美国经济发展的感知）。	每半月发布：当月第二和最后一个星期五。	+++++ 这个经济数据已有长达50年的历史，能较准确反映长期消费趋势。	难以分析短期消费趋势。受现行政治环境影响。
	美国经济咨商会（Conference Board）：调查就业信心指数（未来6个月内），经济发展状况（未来6个月）和家庭收入。	每月发布：当月最后一个星期二。	++++ 反映工作市场的波动，不受政策的改变和金融市场的变化影响，与就业市场紧密相关。	波动浮动相当大，与家庭消费相关性不大。
建筑与房地产	**新屋开工率**（Housing Starts）：新增建造准许率和新屋开工率（以住宅类型和地区区分表示，以建筑合同签署为准）。	每月发布：每月结束2-3星期后发表。	+++ 反映房地产市场走势，提供地产投资依据（GDP组成部分之一）。	数据有滞后性。
	新屋销售数据（New Home Sales）：统计新屋销量（以销售合同为准）。	每月发布：每月结束4-5星期后发表。	+++ 反映房地产市场走势，提供建筑市场未来走势的预测依据。	统计数据波动性大，需要大量修正 。

续上表

价格，工资，生产力	**个人消费支出平减指数**（PCE Deflator）：衡量实际个人消费支出。	每月发布：每月结束4-5星期后发布。	+++ 该指数不包括能源和食品（核心个人消费支出平减指数），是美联储采用来衡量通膨的数据。	消费物价在此之前公布，因此该指数影响力有限。
	雇佣成本指数(ECI，Employment Cost Index)：衡量薪金幅度（占指数的70%）与公司的佣金支出（占指数30%）。	每季度发布：每季度结束4星期后发布。	+++ 该指数是衡量劳动成本最全面和可靠的指数。	该指数包含的信息在公布前已经被市场消化。
	生产率与单位劳动成本指数：衡量私有企业单位工作时间生产率变化情况以及实际工资与单位劳动成本。	每季度发布：每季度结束5-6星期后发布。	+++ 该指数是衡量非农业和非金融业的基本生产率的可靠数据，通过劳动成本的变化能预测通胀趋势。	对于经济研究员有重要作用，但是该指数包含的信息在公布前已经被市场消化。
货币政策	**褐皮书**（Beige Book）：所有美国联邦储备局公报的报告，涉及消费、工业、服务业、房地产、银行、农业、能源、物价等等。	星期三，FOMC会议（每年举行8次）之前15天（一年8次）。	+++ 该报告很好地描述经济运作情况。若在当月统计数据公布之前发表则相当引人关注。	分析过于定性；缺乏美联储的意见。
	联邦公开市场委员会（FOMC）：货币政策委员会（由7位董事会成员和12个地区银行中包括纽约在内的的5个行长组成）。	每六星期的星期二或星期三举行。	+++++ 公布汇率水平和发表关于未来货币政策的决定。	一般来说市场已经知道会议关于汇率水平的决定，但是也会有出现意外情况的可能性。
	FOMC会议纪要：总结会议讨论内容。	会议举行三星期之后。	+++++ 当前宏观经济状况摘要，侧重油罐决策。报告美联储关注的内容。	
	国会货币政策报告：美联储主席公开发炎和发表货币政策报告。	每半年发布（二月和七月）。	+++++ 预测经济增长以及当年和来年通货膨胀状况。唯一可能获得美联储具体预期机会。	

欧元区主要经济指标

大部分欧元区经济指标实际上是德国的经济指标。因为德国一直是欧元区经济最强大的国家,其国内生产总值占整个欧元区生产总值的30%!因此,德国的经济情况几乎可以推演整个欧元区的经济运作情况。

欧元区的主要经济指标是:IFO、德国工业生产指数、ZEW以及IPC

ZEW -2009年2月17日格林威治时间10时
对汇率没有实时影响,但确定了汇率的趋势
→9时59分　1.2675
→10时15发　1.2630

图3-19:欧元兑美元1分钟图,ZEW

IPC -每月最后一天2009年2月27日格林威治时间10时
→9时59分 1.9760
→10时15分 1.9830

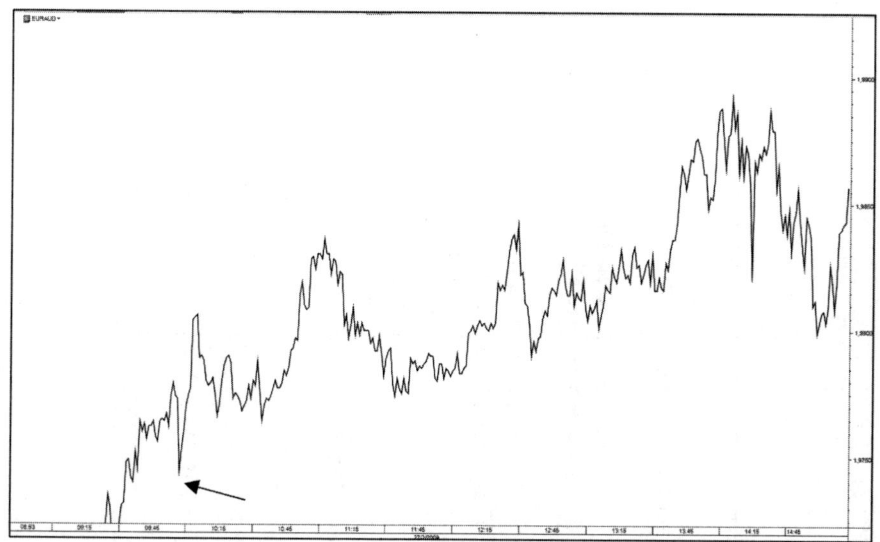

图 3-20:欧元兑澳元 1 分钟图,欧元区 IPC

总体上说,欧元区经济数据比美国经济数据对汇率的影响要小,除了与市场预期差距太大的情况外,这些经济指标的发布很少能引起汇率大幅波动。

然而,欧洲中央银行行长的讲话,却相当受外汇投资者关注。他说的每个单词和使用的说辞对汇率预期的影响至关重要。不过再次提醒一下,我们并不需要逐字逐句地研究这些微小的细节,最重要的是弄清楚每项重要数据的发表时刻,使自己在重要的交易时段中提前做好交易准备和提前定好操作策略。

经济指标领域	指标名称和应用范围	发布周期和日期	优点和市场影响力	局限性
经营活动、生产	**现行经济指标：** ➤ **IFO**（Institut fur Wirtschaftforschung）对企业生产、定价、订单和库存水平现况和前景进行调查	每月发布：每月最后一个星期三发表	++++ IFO由两个指标共同组成：现况指标和预期指标，其中预期指标是衡量制造制造业生产前景的可靠指标。	预期指标的调研问题同时包含3个月和6个月的周期
	➤ **ZEW**（Zentrum fur Europaische Wirtschaftsforschung）与IFO类似，但仅限于银行业。是研究利率、通胀、股票指数、汇市和企业未来盈利能力的经济指标	每月发布：每月15日发表	++++ 该指标与制造业有很强的关联性	可靠性不及IFO 因为调查对象过于单一，所调研问题也十分有限
	➤ **欧元区PMI：**反映欧元区采购经理信心（涉及生产、订单、就业等等）	每月发布：每月结束之后第一个工作日发表	+++ 是与国内生产总值最紧密关联指数，在欧洲地区被广泛采用	该指数与其他指数重叠性过大，领先性不足
	德国工业订单：覆盖德国各个生产行业接收到的确认订单（建筑业除外）	每月发布：每月第一个星期发表上月数据	++++ 该指数能反映工业景气度的季节性变化。我们能通过该指数预计订单总数和国内生产总值的变化	重工业订单统计会有出错的风险（需求不稳定）。该指标受工业产业迁移趋势影响而失去意义。
劳动市场	**德国失业数和失业率：**统计失业者（每星期工作时间低于15小时）总数。	每月发布：每月月底发表	+++ 我们能通过该指数估计因工资产生的通胀压力，以及总体工资上涨幅度，购买力和消费水平。	与社保制度覆盖的就业人数变化相比，重要性相对较弱

表 3-2:欧元区主要经济指标

续上表

价格 －IPC消费者物价指数	**IPC 6 lander：**统计德国6个主要州的消费者物价指数（在6个州分别提交各自的物价报告后发布）	每月发布：每月最后一个星期发表	++++ 该指数能代表整个德国的消费物价水平。 我们能通过报告中的通胀率推测欧洲通胀水平	州与州之间通胀水平差距较大：第一份发表的报告不能代表最终的消费物价水平。
	IPC 欧元区：-IPC欧元区快速预测：通过预期价格水平粗略推测欧元区的通胀水平	每月发布：每月最后一日发表	++++ 反映消费物价水平的季节性波动	该指数没有对某些商品进行统计。
	最终欧元区消费者物价指数	每月发布：每月结束2星期之后发表	+++ 该指数为欧元区通胀浮动利率债券提供参考（烟草，食品和能源除外）	波动幅度较大，需要将食品和能源（IPCH）排除考虑
	法国消费者物价指数	每月发布：每月13日发表上月数据	+++ 该指数为法国国库债券利率和特定储蓄利率参考	该指数的发表相对欧元区其他国家较迟
	意大利消费者物价指数	每月发布：每月第二个星期发表上月数据	+++ 当月IPC的预期会在第三星期公布	统计三项数据NIC，FOI和IPCH，单后者无法反映季节性变动
货币政策	**欧洲央行会议及新闻发布会：**欧洲央行会议每个月举行两次，但新闻发布会只有一次，为达到稳定中期物价目的，会议会对主导利率水平作出调整决定。	每月发布：每月第一个星期四发表	+++++ 会议同时讨论分析经济和货币政策，是欧洲央行对增长和通胀水平的展望	在数据发表之前市场可能会提前消化这些消息。

国内生产总值，每季度最后一月月底发布，2009年2月25日
格林威治时间9时30分
→9时30分　1.4585
→10时00分　1.4490

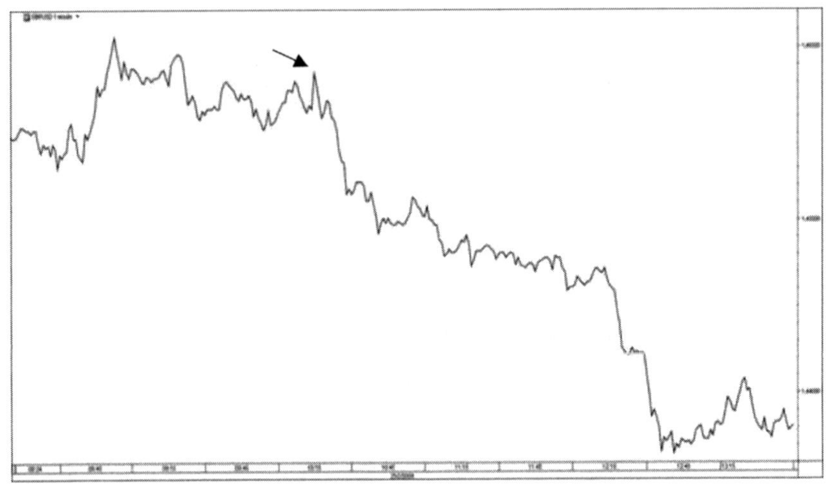

图 3-21:英镑兑美元 1 分钟图,英国国内生产总值

消费者物价指数，每月月中发布，2009年2月17日格林威治时间9时30分
→9时30分　1.4140
→9时32分　1.4225

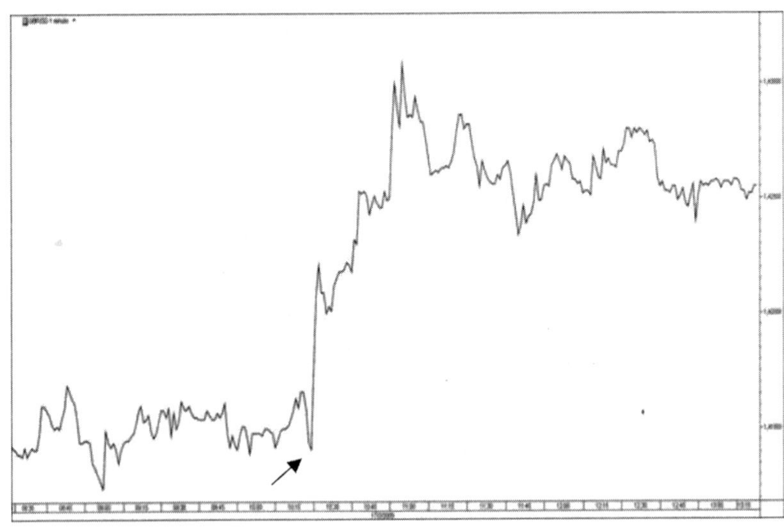

图 3-22:英镑兑美元 1 分钟图,消费者物价指数

经济指标领域	指标名称和应用范围	发布周期和日期	优点和市场影响力	局限性
经济增长	**GDP：反映国内生产货物总值**	每季度发布：每季度最后一月月底发表上季度数据	++++ 最终数据发表之前会发表两次预测。 该指数是反映生产水平最重要的指标	最终数据的发表滞后
生产，建筑，服务	**英国皇家采购与供应**（Chartered Institute of Purchasing and Supply）： ➢ **生产采购经理人指数**：调查制造业私有企业的经营状况和生产情况，工人就业和订单…… ➢ **建筑业采购经理人指数**：调查建造业企业的生产情况，主要涉及短期建筑业工人就业情况。 ➢ **服务业采购经理人指数**：调查服务业增长情况和就业情况。	每月发布：每月第一个工作日发表 每月发布：每月第二个工作日发表 每月发布：每月第三个工作日发表	+++ 该指数简单易懂：当指数高于50时表示该行业处于扩张阶段，低于50则处于衰退。 生产和服务业采购经理人指数是能准确描绘行业状况的先行指标。	这些指数之间并没有很高的可比性：制造业、建筑业和服务业分别占经济附加值的16%，0.5%和73%，而这些行业的就业人数分别为总就业人数的10%，6%和80%。
劳动市场	**劳工市场数据**(Labour Market Statistics)：衡量可就业人数/非就业人数及其比率，就业/失业比例和平均工资水平。	每月发布：每月月中发表	+++ 为英格兰银行研究物价上涨和提高工资请愿之间关系提供数据。 我们能通过该指标预测未来消费和通胀。	与失业率相关：该指数多项结果与其相关（受到定义方式的影响）。

表 3-3:英国主要经济指标

续上表

<table>
<tr><td>物价</td><td>消费者物价指数（CPI）：衡量通胀水平。英格兰银行定下2%的目标通胀水平。
零售价格指数（Retail Price Index，RPI）：衡量零售商品价格水平。
- RPIX：和零售价格指数一样，但房产商品 的权重更低</td><td>每月发布：每月月中发表</td><td>++++
该系列指数影响货币价格货币政策的制定，尤其是CPI（通胀率预测，与其他预先估计的同向比较）</td><td></td></tr>
<tr><td>房地产</td><td>主要指标：
➢ 全国指标（Nationwide）
➢ 副总统办公室指标（Office for the Deputy Prime Minister）
➢ Halifax指标</td><td>每月发表</td><td>+++
消费水平和房地产价格存在关联，因此该指数能很好地反映消费和生产活动的发展。</td><td>消费和房地产价格的联系并不稳定，并且会由于投机行为而更加弱化。</td></tr>
<tr><td>货币政策</td><td>由英格兰银行发表：
➢ 英格兰银行会议纪要：发布货币政策委员会提供的经济状况分析报告以及对现行货币政策的决议。
➢ 英格兰银行通胀报告</td><td>每月发布：每月下半月发表

每季度发表</td><td>+++++
该指数为市场未来走势提供准确信息。
在短期内对市场有巨大影响力。
++++
该报告为未来经济局势提供了具体分析和预测。
在中短期内对市场走势有重要影响。</td><td></td></tr>
</table>

日本主要经济指标

消费者物价指数，每月月中发布，2009年2月27日格林威治时间23时30分
→23时29分 98.35
→00时00分 97.85

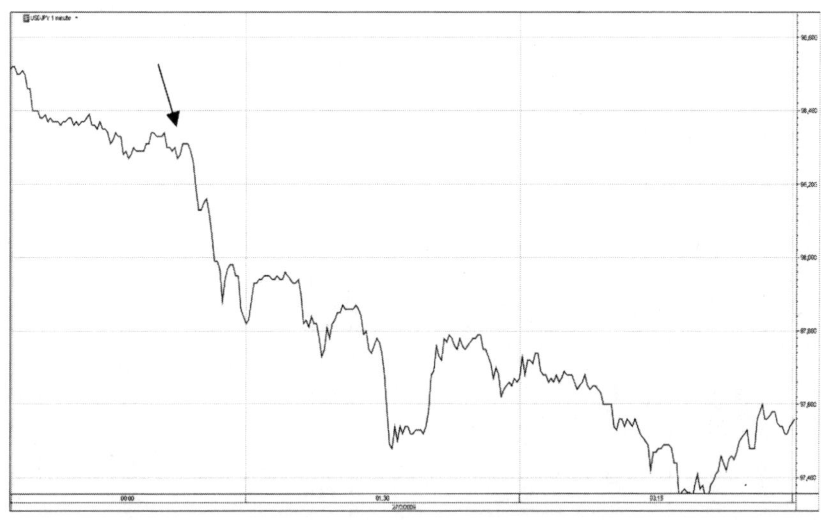

图 3-23:美元兑日元 1 分钟图,日本消费者物价指数

这些表格能帮助我们更好地读懂财经日历。然而,我们只需要大概了解这些经济指标,而并没有必要将它们全面掌握。我们每天都能在外汇专业网站和外汇经纪的市场消息速递中找到这些信息。

现在我们拥有了外汇交易决策的所有工具。技术分析和基本分析之间并没有孰重孰轻,每一种分析方法针对短期或中长期获利都有借鉴作用:

- 短线交易 + 基本分析:挑选能反映某个国家或地区,在某时间点的经济运行情况的短期经济指标。
- 长线交易 + 基本分析:挑选能反映某个国家或地区经济增长情况和整体经济运作情况的经济指标。
- 短线交易 + 技术分析:选取 30 分钟或 30 分钟以内的技术图,运用分析周期较短的技术指标。
- 长线交易 + 技术分析:选取日线图,运用分析周期较长的技术指标。

经济指标领域	指标名称和应用范围	发布周期和日期	优点和市场影响力	局限性
经济增长	**国内生产总值**：衡量国内生产的商品总值	每季度发布：每季度结束后的第一个月发表	++++ 该报告包含总需求的各个组成部分（消费/投资/库存/净出口），为经济环境提供分析依据。	虽然该报告对经济学家很高的研究价值，但是因为发表较迟该报告对于市场重要性略低。国内生产总值经常会被高估，因此需要多次修正
生产	**短期调查**（Tankan）：调查涉及企业生产情况（宏观经济状况、供求、财务情况、生产能力、剩余库存水平、就业情况和贷款情况的看法）	每季度发布：每季度结束后第一天发表	++++ 该指数调查了大型企业，也适用于出口型企业。 以指数形式表示，高于0，代表行业处于景气时期，低于0则是衰退时期，0则是中型。 因为与经济活动有强相关性，能反映经济活动的变化，为市场未来回落或反弹提供分析依据。 用多种标准区分受调查企业（企业规模、行业等）。	
	企业季度业绩（各行业公司财务报表统计MOF）：调查公司资本大于一千万日圆的企业季度业绩。	每季度发布：每季度介绍后大约一个月之内发表	++++ 有助于理解附加值在各企业之间的分摊方式。 在国内生产总值之前发表。 该指数以行业区分。	
价格	日本价格指标： ➢ **全国消费者物价指数**（National IPC）：消费价格指数，包含10类消费品并通过加权平均方式统计（食品，房屋，衣服，药品等等） ➢ **东京消费者物价指数**（Tokyo IPC）：和上述指数一样，但只	每月发布：每月最后一个星期五之后的一个月内发表 每月发布：每月最后一个星期五发表	++++ 日本银行会根据全国核心消费者物价指数（除房屋管理费和生鲜品以外）来制定货币政策。 ++++ 该指数修正了其中的季节性因素的影响	消费者物价指数的影响力根据日本所处的经济周期而变化的。 日本的核心消费者物价指数包含食物和能源价格，与大部分国家的指数构成不同。
货币政策	该系列指数由日本银行发表： ➢ **利率**：发布最终利率上调或下降。 ➢ **日本银行会议纪要**：描述日本银行成员在决定货币政策时的投票情况。	每年4月和10月各发表一次和两次 利率发布后一个月之内发表	+++++ +++++ 该报告为现行货币政策提供分析依据，为未来货币政策提供预测依据。	

表 3–4：日本主要经济指标

3. 宏观经济环境的重要性

在布雷顿森林体系解体之前,米尔顿·弗里德曼认为“浮动汇率制度能够完全解决收支平衡的问题”。然而30年后的今天,这个货币学大师的说法却受到来自现实的质疑:不但贸易顺/逆差的情况持续加剧,国际货币制度也经受着经济不稳定和危机的巨大冲击。宏观经济理论中的汇率浮动主张似乎在实际运行中没有获得验证。然而这些理论直到今天仍被全球的经济分析师作为模型基础广泛使用。理论上,汇率水平是由下列因素决定:

- **国际贸易收支平衡**
- **购买力平价机制**
- **国家政治稳定度**

虽然某些理论有时在实际经济运行中会失效,但是掌握这些模型对于帮助我们估算某国货币的“合理”价格水平仍然有所帮助。我们下面会详尽地学习这些经济理论。

A.利率水平

我们首先要掌握利率平价理论:如果两个国家有着不同的利率水平,这个利率差将会在外汇期货报价中被反映出来(详看远期/期货和NDF章节)。理论上,为了避免外汇远期(forward)和外汇期货(future)之间的套利,拥有较高利率的货币面对较低利率货币时会贬值。然而这个理论在近几年并没有得到验证,拥有较高利率的货币往往处于升值趋势(详看Carry Trade章节)。因此,新的利率理论被提出，即外汇价格由实际利率决定。**拥有较高实际利率的货币会升值，而拥有较低实际利率的货币会贬值。**这个理论在近年得到验证，然而该理论并没有解释在有些国家利率会维持高水平的深层原因，譬如说经济不稳定或高通胀等。一般情况下，这些现象对于该国和货币都不是一个利好的因素。

自 2001 年以来，大部分套息交易（Carry Trade）都能获得成功。这种交易策略是通过从利率较低的国家借入货币来对利率较高的货币进行投资的行为。套息交易在金融市场上非常流行，能为投资者带来双份收益：既能从利率的差值中赚取利息差，还能从持仓货币的价格上升中赚取买卖差价。那些在套息交易中进行大笔交易的资金在很长一段时间里都倾向于买入高利率的币种，例如新西兰元和土耳其里拉，和卖出低利率的币种，例如瑞士法郎和日元。无论是价值投资者还是投机客都以 0.5%的低息借入日元，随后将其兑换成其他货币再买入其他高息国家的金融资产进行套利。也就是说这些投资者在日本可以获得成本接近 0 的贷款再向其他提供高利率的国家出借资金以获得收益。在市场流动性充分和风险控制还不尽成熟的情况下，某些货币价值会因此快速被低估，而有些货币价值则会被高估。自 2007 年 7 月金融市场信用泡沫破灭和厌恶风险情绪的出现，市场套息交易行为发生了重大的转变。

事实上，金融危机扭转了套息交易行为的发展趋势。华尔街在全世界范围行销的高风险信贷衍生产品不仅令许多金融机构蒙受损失，还导致了某些国家的破产，例如冰岛。

那些借入日元来投资欧洲银行发行证券或冰岛国债的投资者受到了毁灭性的打击。这些投资者纷纷卖出这些高风险资产，大量回购美元和日元来偿还其在日本和瑞士的贷款。这就是日元和美元当年惊人升值的主要原因。在市场回复正常和前期巨额损失被收回之前，套息交易很难恢复到前期的流行程度。

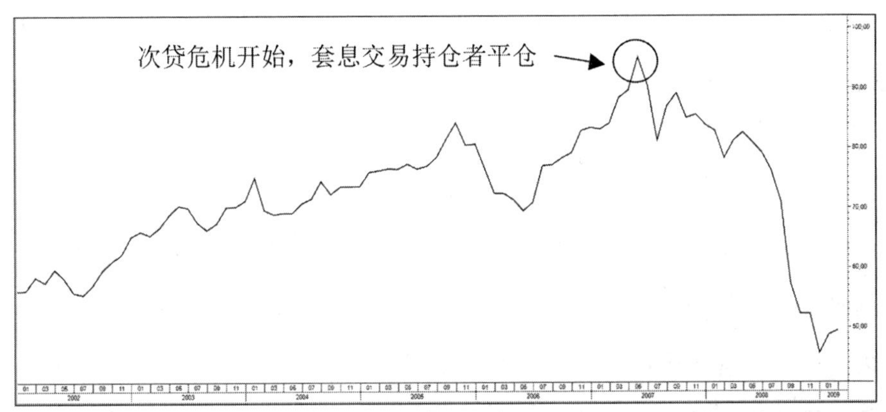

图 3-24:2002 年以后的新西兰元兑日元

2007 年 7 月以前,以低息贷入日元投资新西兰元的投资者借由新西兰元升值和套息获得丰富利润。我们通过上图可以清楚地看到,2007 年 7 月之后发生的次贷危机使得套息交易投资者纷纷拆仓,导致了新西兰元的回落。

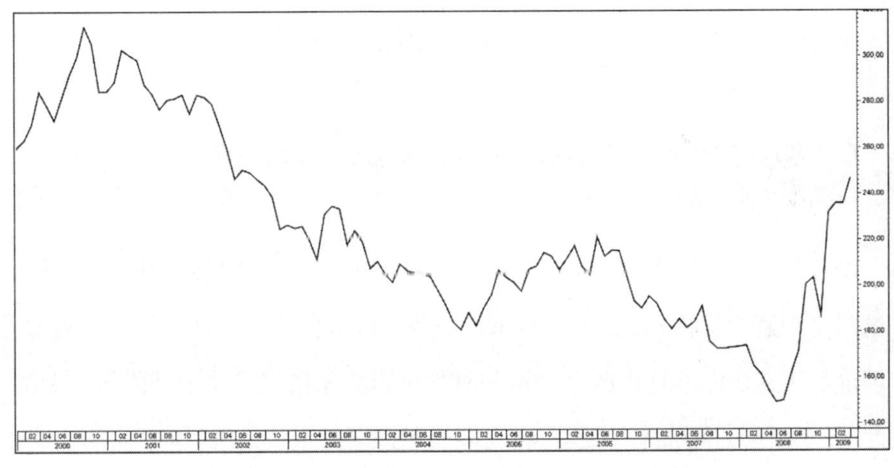

图 3-25:2000 年以后的美元兑匈牙利福林

匈牙利福林在近年来兑美元大幅升值,其利率水平也相当高。

然而直到 2008 年 7 月,美元大幅升值,套息交易者的第二次拆仓潮和对东欧国家经济的不看好使得福林大幅贬值,福林不再是套息交易的合适对象。

B.贸易收支

根据经济学理论，汇率水平在国际贸易达到收支平衡时会达到最优化。在一个国家进口额高于出口额时，这个国家处于贸易逆差。当一个国家进口某个商品时，这个国家要以出口商品国家的货币来支付。由于进口国卖出本国的货币来买入出口国的货币，所以处于高额贸易逆差的国家的货币会相对贬值。然而低价值的货币有利于该国家的出口，因此，进口国的货币会因为相同的原因而再次升值。

但事实上，上述理论并不总是有效的。举例来说，在 1998 年到 2001 年期间，美国对日本有着庞大贸易逆差，然而，在此期间美元兑日元处于单边上升趋势。其中一个可能的解释是在这期间有数额庞大的资金从日本流向了美国，而这些资金填平了美日之间的贸易不平衡。因此，主要问题就在于我们只是考虑了国家之间的贸易平衡，而没有考虑资金流向的问题。

C. 购买力平价理论(Purchasing Power Parity, PPP)

以各种关于购买力(或生活成本)指标随着时间会渐渐趋同为前提，我们能通过对比一篮子货物 / 服务的价格来预测各个国家的货币价格变化。购买力平价理论是建立于汇率是由两个国家相对物价指数来决定的这个基础概念上的。因此，一个国家的通胀率的变动，会立即引起该国货币价格的反向变动。当一个国家的物价因通胀而上升，该国的货币便会贬值，从而回到平衡状态，继续维持与别国相同的购买力水平。

许多经济研究机构所使用的各种生活成本指数综合统计了上千种商品和服务。但其中最具知名度的与购买力平价理论相关的生活成本指数是由《经济学家》(*The Economist*)周刊发展出的“Big Mac 指数”。

Big Mac 指数是指当一件 Big Mac 产品在美国和其他国家或地区代表相同价值情况下得汇率水平。

表格 3-5:2009 年 1 月 Big Mac 指数,来源:《*The Economist*》

国家	Big Mac售价(美元)	该国货币兑美元被高估(+)/低估(-)程度
瑞士	5.75	~ +62%
丹麦	5.21	~ +48%
瑞典	4.59	~ +30%
欧元区(平均)	4.5	~ +28%
英国	3.33	~ -7%
美国	3.54	-
土耳其	3.13	~ -12%
加拿大	3.32	~ -6%
巴西	3.39	~ -4%
波兰	2.14	~ -40%
俄罗斯	1.87	~ -48%
中国	1.83	-50%

购买力平价理论在预测长期趋势时通常得到证实。然而该理论并没有考虑到一些国际贸易阻力。例如,即使波兰比丹麦的物价低,也并不代表所有丹麦人就会立即去波兰定居。

D. 政治稳定性

投资者对某国货币的投资反映了他们对该国政治稳定的信心。在一些特殊情况下,在交易某些货币之前要谨慎地分析这些国家的政治稳定性,因为很有可能买入的货币在交易之后的第二天就不能进行兑换了!一旦危机降临,投资者很可能就会被"吓跑"。以俄罗斯为例,直到 2006 年,国内汇率制度改革才使卢布的兑换情况稳定并好转起来。

因此,我们也可以说一种货币之所以兑另外一种货币的汇率走强也是得益于国家和中央银行施行的稳定的货币政策。我们注意到,长线投资者往往偏好政策稳定一致的货币。

具体地说，所有直接或间接与经济“健康度”相关的消息都会影响外汇价格，因此我们掌握基础的宏观经济理论是相当重要的。例如，有关失业率的信息可能暗示经济增长状况，而经济增长又导致利率水平的调整，这个利率水平最终将影响外汇市场的走势。

4. 各种货币组合的特征详解

这一部分我们将重点讨论在交易中会遇到的主要货币和主要货币对；针对每一组货币对，我们都会详尽解释其主要特点，使投资者更好地了解这些外汇报价的波动情况和掌握如何通过经济事件更好地判断入市机会。

A. 外汇市场交易量的演变

外汇市场从 1999 年起因为欧元的诞生经历了短暂的平静，2004 年之后世界外汇市场交易额重新冲向高位。国际清算银行报告指出，2004 年间外汇市场平均每日交易额达到 1 万 9 千亿美元。2009 年，平均每日交易额高达 3 万 5 千亿美元。

85%的交易额是来自外汇市场参与者的投机行为，而只有 15%是来自企业和金融机构的对冲外汇风险行为。交易额增长真正原因是对冲基金的增加，对冲基金的频繁交易行为使其成为外汇市场上最大的参与者。

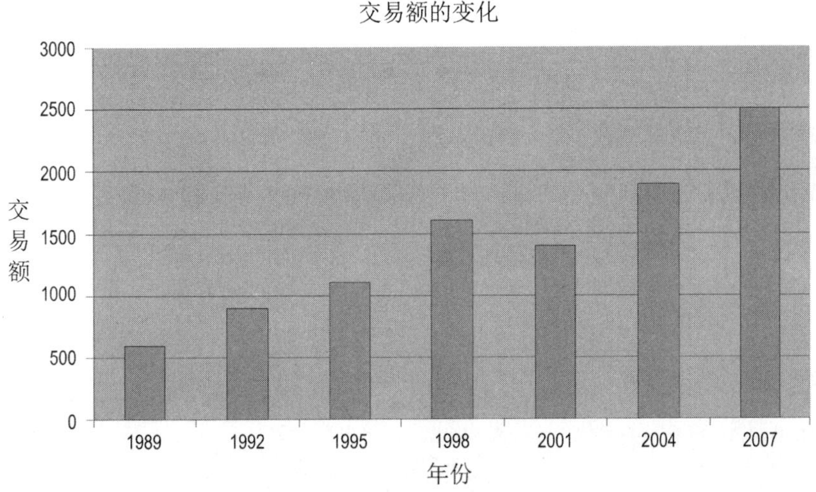

图 3-26:外汇市场交易额的变化(单位:10 亿美元)

国际清算银行(Bank for International settlement)的数据显示,2007 年在外汇市场上涉及美元的外汇交易占总交易额的 89%,欧元占 37%位居第二,随后是日元(20%),英镑(17%)和其他货币(37%)。这些百分比的总和为 200%:买入和卖出的交易额各占 100%。国际清算银行每三年发表报告,下一份报告在 2010 年发表。

B. 各种外汇制度

浮动汇率制

正如我们前面所介绍过的那样,大部分发达经济体都采用了浮动汇率制度。也就是说,国家让市场来决定其货币的价值。然而,当货币价格的波动对经济产生不良影响时,某些中央银行仍然会介入市场进行调控。浮动汇率制度使投机者有更多的套利机会。

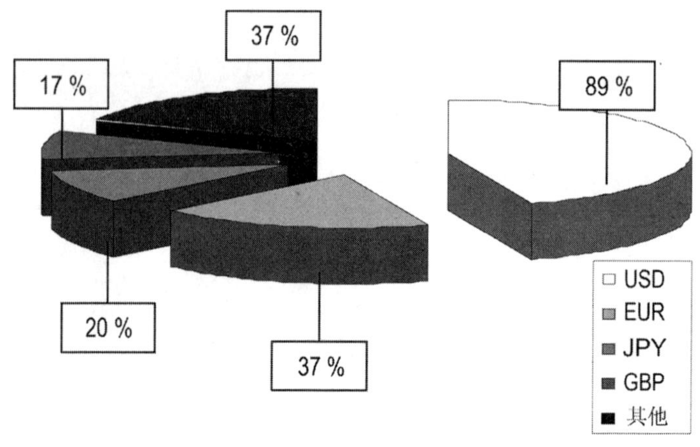

图 3-27:各种货币交易额比例

固定汇率制

与浮动汇率制度相对的是固定汇率。联系汇率制度(Currency Board)就是固定汇率制度的一种。这种汇率制度对货币有两条额外的规定:限制货币印刷数量和禁止中央银行贷款给政府和银行。联系汇率制度是港币 (Hong Kong Dollar)采取的汇率制度。

"挂钩"制度也是固定汇率的一种。采用这种制度的货币价值与某个其他货币或者一篮子其他货币的价值紧密相关。另外还有其他类似的衍生制度,例如,一些国家就采用"爬行挂钩"(Crawling Pegs)或"半挂钩"(Semi-pegs)的混合制度。这些挂钩制度的用意在于控制市场上货币价格和防止货币大幅升值或贬值。这些制度通常被一些相对脆弱的经济体采用。这种机制很大程度上限制了投机的机会:买卖价差通常都比较大,因为机制本身的特性就是抵制投机。

C. 主要货币对

在日后的交易中我们每天都要接触主要货币。因此,作为外汇市场投资者,我们非常有必要了解这些主要货币的最基本特点。

欧元 / 美元

欧元的一些特性

1999 年 1 月 1 日欧元以电子货币的形式诞生，而硬币和纸币则在 2002 年 1 月 1 日正式流通。欧元政策是由欧洲中央银行决定的。由于整个欧洲货币制度历史还相当短暂,因此,投资者对于识别欧洲央行在处理经济问题和面对不同经济环境时的反应仍然会有困难。此外,欧洲央行的决议和欧洲各国家的主权意志无法取得一致,两者之间的关系越趋紧张,这也是令投资者担忧的一个因素。欧洲央行行长特里谢主张的“强欧元政策”就广受指责,因为该政策导致欧洲商品出口受阻。

尽管如此,欧元的诞生是欧洲货币史上一次无可置疑的成功。各国央行持有的欧元储备不断上升,削弱了美元在世界范围内的统治地位。随着欧盟的不断扩大和欧元区新成员国随即加入,这些欧洲国家的货币都会与欧元建立起或强或弱的联系。主要包括有:

- **爱沙尼亚克龙(EEK)**
- **立陶宛立特(LTL)**
- **丹麦克朗(DKK)**
- **拉脱维亚拉特(LVL)**
- **保加利亚新列弗(BGN)**

这些国家的大部分企业都采用欧元 / 该国货币这种双重报价并允许用这两种货币中的任一种进行支付。这些企业使用的实际汇率非常接近 MCE II(新欧洲汇率机制,欧元诞生后实行)机制设定的中间汇率。

欧盟以外的一些国家货币与欧元之间也有固定或浮动汇率关系,这些货币包括:

- **西非法郎(XOF)或中非法郎(XAF)**

- **佛得角埃斯库多**(CVE)
- **太平洋法兰西共同体货币**(XPF)
- **波黑马克**(BAM)
- **科摩罗法郎**(KMF)

美元的特点

美元的货币政策由联邦储备局制定。联储局是独立于美国政府之外的机构,其委员会任期长,使得联储局在政府换届时受到影响的比较小。

我们在上一节内容中看到,联储局的主要任务是控制通货膨胀和促进经济增长,为此联储局主要采取两种手段:

- **直接市场干预(公开市场操作,**Open Market Operations)

联储局可以直接买卖国库债券。通过对这些资产大量收购,能使利率维持在一个较低的水平,相反抛售这些资产,会导致利率的上升。

- **目标利率(联邦基金目标利率,**Federal Funds Target Rate)

该目标利率是指美联储向商业银行贷款利率。市场对目标利率和美联储的评议非常关注,这些评议对未来货币政策的预期有着重要参考价值。

简单地说,美联储在控制通货膨胀时会提高利率而在刺激经济和消费时会下调利率。出于对 2009 年美国经济可能会遭遇严重经济衰退的担忧,美联储将利率逐步降至 0.25%,旗帜鲜明地以低利率来鼓励投资。

与公共支出和国税有关的税收政策由美国财政部(US Treasury)制定。美国财政部比我们所能想象的更加重要,因为当美元的价格过高 / 过低时,美国财政部能够直接命令纽约联邦储备局买卖美元直接干预外汇市场。

美元是在外汇市场中交易量最大,也是受关注度最高的货币。事实上,美元在外汇市场上的地位举足轻重,90%以上的交易额涉及美元。

但正如上文所说,由于欧元的影响力日渐增大和各国央行欧元储备的增加,美元的比重逐年持续下降,然而,我们也不能过分夸大美元的衰落。2007 年

7 月开始的金融危机使得许多投资者抛售手中的高风险金融产品，兑换成美元资产。投资者的拆仓行为使得美元需求大幅上升，而同一时期欧元区面临巨大的经济衰退风险，因此，欧元在拆仓潮中没有受到投资者的青睐。虽然，目前的经济形势对欧元并不是利好，各国央行在未来两年应该不会增加欧元储备，然而长期看来，随着世界经济回暖和投资者的信心转强，欧元将会重回高位而美元会再度转弱。

还有一点值得注意的是，就是许多新兴货币都选择与美元挂钩。这些货币与美元的汇率是相对固定的，在目标汇率上允许有或大或小的浮动区间。许多亚洲国家，包括中国，都采取了这种汇率制度。当市场阻力逼使汇率脱离浮动区间时，这些国家央行会通过直接及时的干预来限制汇率的波动。这些干预活动极大地影响了美元在外汇市场的汇率。许多亚洲国家的货币价值相对于其经济发展和增长速度都存在着被低估的情况。这些国家在未来都必然会逐步重新评估其货币汇率和调整其外汇储备结构，以降低本国货币对美元的依赖性，也即意味着会在市场上大量抛售美元。

在对美元市场价值评估时，我们还要留意以下数据：

- **外国债券与美国国库债券的利息差。**投资者倾向于购入收益率较高的资产，因此，当这些金融产品市场的进入成本提高时，汇市的交易量会提高。

- **美元指数：**各国中央银行倾向于采用美元指数来综合评估在全球市场上的美元资产价值，而不是单纯以美元兑其他某种货币汇率的上涨或下跌来对美元资产做评估。

- **最后我们要记住金价和美元汇率之间有非常强的关联性。**因为黄金是以美元标价，所以一般情况下金价和美元汇率走势相反。当市场趋势不确定时，投资者会选择黄金作为避难资产，而这种行为往往会削弱美元。

欧元／美元的特点

欧元兑美元是成交额最大的一对货币，它的受欢迎程度远超其他货币对。

2007 年的数据显示,欧元兑美元占据了整个外汇市场成交额的 28%。然而,欧元兑美元巨大的成交额并不是因为欧元区和美国经济的紧密联系,而是因为投机者对这对货币的青睐。因此,在美元的外汇交易中,欧元兑美元是最具流动性的一组外汇,也是投资者的首选外汇对。互联网上也充斥着大量关于欧元兑美元的资讯和分析。

当能清晰预计美元兑其他货币的走势时, 投机者会倾向于买卖美元兑欧元。假如市场公布一则关于美元的消息,美元兑日元和欧元兑美元的走势反应会略有不同,因为日元在面对美元时同样强势。不过大部分投资者在投机买卖日元时仍会以美元兑日元为交易对象,而不是操作日元与其他货币的外汇对。

同样道理,当投机者能清晰预计欧元走势时,欧元兑美元也会是他们的主要交易对象。欧元兑美元的走势,和欧元兑其他货币的走势大相径庭,如欧元对英镑,欧元兑瑞士法郎,欧元兑日元,这些汇率都深受与欧元相对货币的巨大影响。值得一提的是,由于欧元是 17 个国家的货币(2009 年 1 月 1 日起,斯洛伐克成为欧盟第 17 个使用欧元的成员国),所以每条影响其中一个成员国经济的消息都能影响欧元汇率,从而影响欧元兑美元汇率。然而,比起欧元区的经济消息,美联储的货币政策和美国经济数据对欧元兑美元的影响更加巨大。

可以说欧元兑美元的汇率是世界上两个最大的经济体的连接点。欧元兑美元的汇率每时每刻都在反映着欧洲和美国的经济环境,象征着外汇投资者不同的预期。

2007 年之后,欧元兑美元的走势出现了巨大波动。在达到历史最高点 1.60 之后,欧元兑美元汇率由于次贷危机而一路向下修正。在这期间,投资者大规模拆仓卖出高风险资产,而买入相对安全的资产,这些资产大部分以美元标价。因此,即使美联储冒着高度通胀风险推行积极扩张的货币政策,美元需求的巨幅上升仍使得美元成为史无前例强势的基准货币。但这个过程是否能够持续我们不得而知,一些征兆使得许多经济学家认为,随着环球经济的回暖和投资者信心的逐步增强,欧元兑美元能重上前期高点。

英镑／美元(Cable)

英镑的特点

英国的货币政策由英格兰银行和货币政策委员会（MPC,Monetary Policy Commitee)联合制定。这两个机构的主要目标是维持目标通货膨胀水平(亦称零售价格指数,Retail Price Index)。货币政策委员采取相关调控手段控制通胀,并每月举行一次例会讨论基本货币政策。主要的调控手段包括:

● 银行回购利率(Bank Repo Rate):银行回购利率是中央银行制定的主导利率,影响着商业银行的利率。该利率对经济和消费有巨大影响。

● 对市场进行直接干预:直接购买／出售债券。如有必要,英格兰银行也会在现货市场上买／卖英镑,以便为新的利率政策的推行提供必要流动性。

高利率水平往往使英镑成为套息交易的对象。投资者买入英镑卖出其他货币,从而获得利息差额利润。尤其英镑兑日元是套息交易的主要交易对象。

银行回购利率是英格兰银行重要的货币调控手段,因此,在操作英镑时,我们要分外留意这个利率的波动。我们能够通过研究英格兰银行和货币政策委员会官员的评议来预期未来银行回购利率水平。同时,三个月英镑卖空期货价格也能提供很好的参考。当三个月英镑卖空合同与英格兰银行利率水平相当时,说明投资者倾向于预期未来利率将维持在现阶段水平。当三个月英镑卖空合同价格上升时,说明投资者预期未来利率上升,反之亦然。

另一方面,英国作为能源生产和出口大国(能源行业占国民生产总值百分之十),能源价格的上升代表国民生产总值增加,而其他国家需要买入更多的英镑来支付能源进口。因此,当能源价格的上涨,英镑会倾向于升值。

英镑／美元的特点

2007 年英镑兑美元交易额占外汇市场中交易额的 14%以上。

由于欧元统一了欧洲货币，使得英镑兑美元称为现存外汇市场中历史最

"悠久"的货币对。这组外汇也被称为"Sterling"或"Cable"(电缆),后者得名于大西洋底下连接着英国和美国用于早期的电汇支付的通信缆线。

这对货币对的波动性远远超过其他主要外汇货币对，是投机者超短线交易的理想交易对象。尤其在英国外汇市场开市时段内,英镑兑美元的波动相当剧烈。

英镑深受次贷危机影响，是首个兑美元和兑日元大幅贬值的的主要货币。主要原因在于金融业占英国整体经济比例较大,另外一个原因则是英国与美国之间经济联系紧密。

美元 / 日元

日元的特点

日本的货币政策由日本银行全权执行,然而,主要的决策仍归财政大臣决定。

当日元兑美元升幅过大时，日本银行成员和财政大臣会开始频繁发表政论,表达对当前日元大幅升值的担忧,以便吸引投机者进场促使日元汇率回落。但是,投资者对这些言论的关注度越来越低。

日本银行和财政大臣都是外汇市场相当活跃的参与者。他们会定期对日元汇率进行干预来促使日元回复到令人满意的水平。

值得一提的是,日元汇率广受亚洲和中东经济发展状况影响。这种影响是双向的,要知道在亚洲新兴国家发生的经济危机同样会波及日元汇率。其中一个例子就是 2007 年 2 月底发生在上海证券市场的小型危机，这次危机使得日元在证券市场混乱的情况下大幅升值,美元兑日元在不到一星期的时间内就大幅下挫了 700 点。

我们还要留意每年的日本财政年度结束日期(3 月 31 日)。这是一个重要的日子,日本企业为了财务结算和遵守财政部规定的财务比率,纷纷会将海外资产汇兑成日元。

美元/日圆的特点

日本长年以来一直推行超低利率政策,远远低于G8其他成员国利率水平。考虑到日本银行历来倾向于实行谨慎的货币政策,这种情况应该会在未来数年继续保持。日圆在外汇市场上是利率最低的货币之一,这种低利率促进了日本的消费和经济增长,也使得日圆受套息交易的压抑而被低估。因此,通过以低息借入日圆来投资其他更高利率的货币(详看Carry trade章节)是一种理想的投资策略。至少在次贷危机爆发之前,这种交易策略一直为投资者带来可观利益。

美元/瑞士法郎(Swissy)

美元/瑞士法郎的特点

瑞士法郎的货币政策由瑞士国家银行制定,和其他央行一样,瑞士国家银行的首要任务是维持物价稳定,控制通货膨胀。瑞士国家银行参考国家物价指数,将通胀率控制在2%以下。

当国际地缘政治不稳定时,瑞士法郎和黄金一样发挥着避险货币的作用(因此,美元兑瑞士法郎也与黄金价格有很强的关联性)。实际上,瑞士中央银行的庞大黄金储备和瑞士银行的保密性为投资者提供强有力的保证。瑞士银行的保密性是瑞士银行业成功的关键,它吸引了世界各地的巨额财富,为这些财富规避了个人收入和资本盈利的税务负担。致力于消灭"避税天堂"这种可能性的欧盟曾以严厉的惩罚措施威胁瑞士采用更透明的银行业政策,但该做法直至目前为止并没有取得任何实质性成效。但是,任何对于银行业监管制度的调整都有可能对流入瑞士的资金产生巨大影响。

瑞士在所有发达国家之中采用的利率水平最低,这使得以瑞士法郎为对象的套息交易非常流行。投资者倾向于买入欧元兑瑞士法郎或英镑兑瑞士法郎,也就是说以低息借入瑞士法郎然后再买入欧元和英镑这些较高利息货币。不过,值得注意的是这种交易策略的套利机会因为全球各地都在推行低息货币政策，而变得更加微小。由于波动性较小，在中短期内欧元兑瑞士法郎易受到投资者青睐，而波幅较大的美元兑瑞士法郎则更适合日内交易的短线投资者。

虽然美元兑瑞士法郎的成交额也相当巨大，但欧元兑瑞士法郎却是涉及瑞士法郎的外汇对中成交额最大的一组外汇。因为美元兑瑞士法郎实际上是欧元兑瑞士法郎和欧元兑美元组合交易的产物。在理论上，美元兑瑞士法郎等于欧元兑瑞士法郎比欧元兑美元。

这个等式在通常情况下都是有效的。但在重大经济危机和世界局势不稳定时，投资者往往能利用差价通过一系列的交易进行套利。由于世界各地的资金不断流入瑞士大型私人银行，因此，瑞士法郎也往往被这些银行在市场上用于兑换其他异国货币交易。

值得一提的是，企业之间的合并收购行为也对瑞士法郎汇率有重要的影响。合并收购案在瑞士十分频繁，因为合并收购往往涉及金融机构，而瑞士就有许许多多这样的金融机构。例如，当一间瑞士公司收购某个外国企业时，瑞士公司必须先卖出瑞士法郎并购入被收购企业所在国的货币，因此，合并收购行为会对瑞士法郎带来贬值压力。

美元 / 加元（Loonie）

美元兑加元的特点

加拿大货币政策由加拿大银行管理委员会（Governing Council）具体制定，该机构的主要任务是维持物价的稳定，将年通胀率控制在 1%到 3%之间。

加元的货币价值很大程度上取决于原材料价格。然而，当原材料价格太高导致出口受阻（例如对美国出口），同样会对加拿大的经济造成负面影响。美国吸收高达 85%的加拿大原材料出口，因此，两国的经济紧密相联。2008 年的原材料价格大幅下跌，使得包括加元在内的原材料出口型国家货币大幅贬值。

值得一提的是，两国企业之间的合并收购活动同样会为美元兑加元汇率带来即时的影响。

美元和加拿大之间的利息差为外汇投资者带来套息交易的机会。加拿大利率较高,加上两国地理位置邻近,因此以美元兑加元为对象套息交易行为相当流行。

澳元 / 美元(Aussie)

澳元 / 美元的特点

澳大利亚是重要原材料产地。由于气候条件会对原料产量产生影响,因此,澳大利亚的经济和货币汇率不仅与原材料价格紧密联系,也受气候环境影响。当原材料价格上涨时,澳大利亚央行曾试图上调利率以压制通胀,但澳元仍受全球原材料价格上涨影响而不断升值。直到 2008 年 6 月原材料价格上升至阶段高点,随后大幅下跌,澳元汇率上升的势头才得到抑制并开始下行。

澳大利亚的原材料主要出口到日本和东南亚国家组织 ASEAN(文莱、柬埔寨、泰国、菲律宾、新加坡、老挝、马来西亚、缅甸、印尼和越南),因此澳洲的经济与亚太地区国家的经济增长情况紧密相联。

澳大利亚货币政策由澳大利亚中央银行的货币委员会制定,主要目标是维持澳元汇率稳定,促进经济增长和刺激就业市场。澳大利亚中央银行以消费指数为参考,年通胀率的目标区间在 2%到 3%之间。

澳大利亚的利率较高,因此澳元成为套息交易的主要对象之一(投资者会借入日圆来买入澳元)。而长期看来,澳元汇率受美国和澳大利亚的利息差影响。例如 2000 年至 2004 年间,在澳大利亚大幅上调利率的同时,美国大幅下调利率,造成了澳元兑美元汇率在该时期的持续上升。

新西兰元 / 美元(Kiwi)

新西兰元 / 美元的特点

新西兰货币政策由新西兰中央银行的货币委员会制定,目的在于将年通胀率维持在 1.5%的水平。当新西兰央行无法维持稳定通胀水平时,新西兰政府有权解除央行行长职务。

由于两国地理位置非常接近，再加上澳大利亚也是新西兰最大的贸易伙伴,新西兰经济与澳大利亚经济之间的关系十分紧密。澳元和新西兰元汇率有着很强的关联性。

新西兰的原材料出口占总出口额近 40%,因此,新西兰元汇率也受到原材料价格的很大影响。和澳大利亚一样,气候环境也是影响原材料价格和新西兰元汇率的重要因素。

新西兰元因为其高利率,也是套息交易的主要对象之一。利率水平的变化对新西兰元的汇率影响很大，因为当新西兰利率下降而同时美国利率提高时，以新西兰元兑美元为交易对象的套息交易的获利可能变少。在这种情况下,投资者会改变交易方向或者投资其他货币。这正是次贷危机发生时,新西兰遭遇到的情况。2008 年底,次贷危机爆发后,新西兰中央银行进入降息周期,导致新西兰元兑美元和兑日圆加速下跌。而当时由于原材料价格下跌影响,新西兰元早在 2008 年 6 月就已经开始贬值。

D. 亚洲新兴货币

随着欧元在 1999 年的诞生,欧洲 12 种货币消失,投资者可选的投资品种也大幅减少。不过,亚洲国家的经济崛起及其独特的汇率制度,使亚洲新兴国家货币成为了理性投资者最佳的交易对象。

美元 / 人民币

人民币的汇率浮动受中国人民银行严格管制。人民币汇率是由一篮子货币汇率决定,而这一篮子货币的组成,中国央行并没有透露。人民币价值被低估的问题也是美国和中国摩擦的根源,美国政府认为中国操纵人民币汇率,造成美国对中国贸易赤字。而一系列的事实也证明,人民币有着 15%到 30%的升值空间。

中国中央银行也曾配合美国要求，在2005年将人民币小幅升值2%，显然这次升值幅度是远远不够的，人民币大幅升值仍然是投资者的普遍预期。

少数投资者则认为人民币已被高估，而市场对此也已经有所反应。为了规避人民币重新估值的潜在风险，几乎所有的投资银行外汇交易部门都向客户推出了对冲产品，吸引了不少希望避免风险的投资者。这种产品往往通过无本金交割远期（NDF，Non Deliverable Forward）对人民币进行对冲，投资者能收到NDF与人民币汇率之间的差额（欧元结算）。六个月人民币无本金交割远期价值大约比人民币汇率现价高5%。换句话说，在这段时间内，市场预期人民币会面临5%的升值。因此，假如人民币在这段时期内没有升值，投资者将损失5%的投资额；假如人民币升值超过5%，投资者将获得利润。

尽管中国人民银行应市场要求对人民币汇率放松了监管，但人民币仍是与一篮子货币挂钩（其中美元比重最大），因此，汇率的大幅波动情况很少发生。在这种情况下，人民币的汇率维持目前水平的可能性比重新估值发生的可能性更大。

作为对人民币重新估值的一种代替方案，中国中央银行很可能会采用和香港类似的“半挂钩”保护主义汇率制度。估计在未来人民币快速大幅升值应该不会发生，缓慢逐步升值则是市场普遍预期。

因此，投资银行向客户推出的NDF是一种不错的投资产品，许多企业为了规避人民币重新估值风险通过NDF沽售人民币。从2006年8月起，随着人民币汇率期货的推出，投资者也能通过这些产品对冲人民币重新估值风险。但是此期货市场流动性不足，个人投资者并不能在交易平台上买卖这种期货合同。

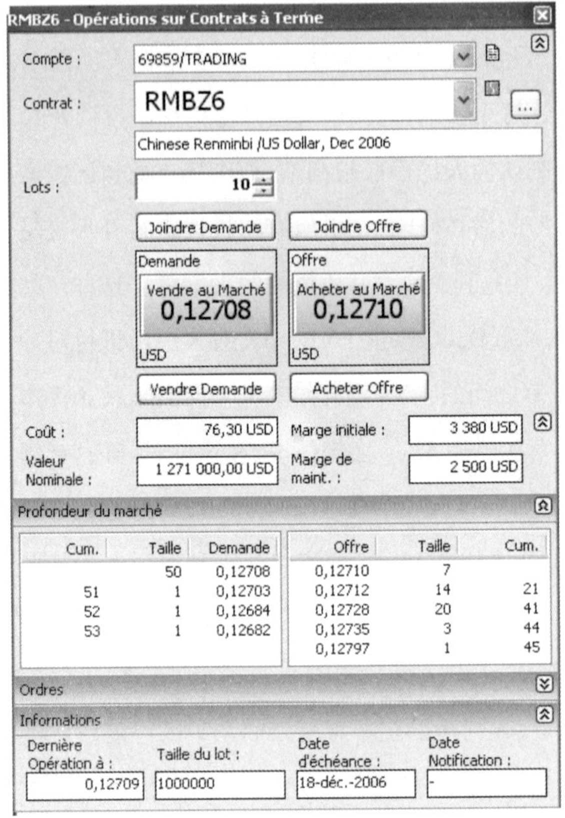

图 3-28:人民币期货合约

美元 / 港币

由于联系汇率制度的存在,港元汇率一直非常稳定。香港从 20 世纪 80 年代起便开始实行这种货币保护制度,据此如果美元兑港元汇率超过 7.8000 警戒水平，政府就会干预。2005 年开始，美元兑港元的目标利率调整为 7.7500 到 7.8500 的浮动区间。另外,由于香港利率跟随美国利率调整,令港币汇率更加稳定。任何受市场对人民币重新估值的传闻而对港元产生的汇率波动影响都会即时被修正,使港元汇率逐渐恢复到 7.8000 的水平。因此,当市场出现恐慌使美元兑港元跌破 7.8000 水平时,就是投资者最好的买入机会。

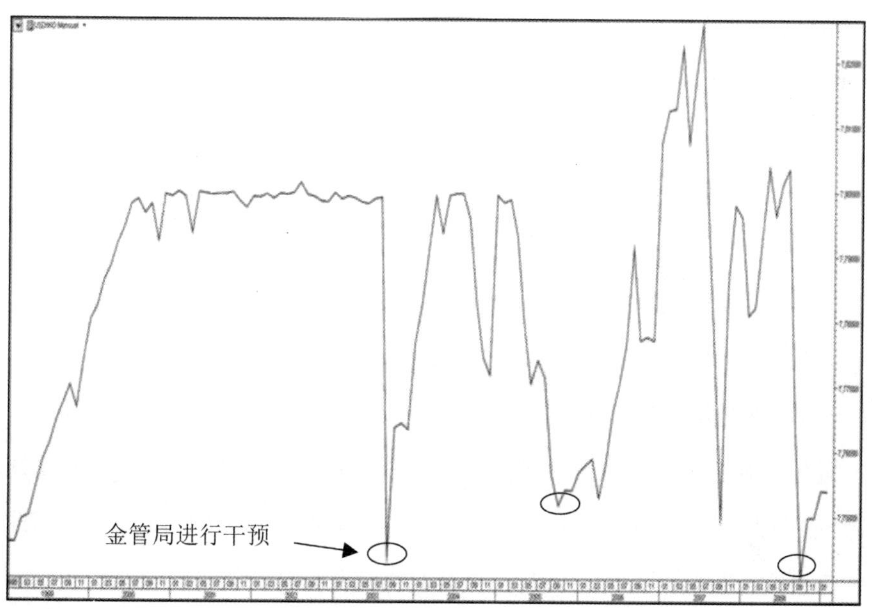

图 3-29:1999 年以后的美元兑港元走势图

美元 / 泰铢

图 3-30:1997 年以后的美元兑泰铢走势图

泰铢在1997年东南亚金融危机遭遇大幅贬值，在投资者的大幅抛售压力下，泰铢在短短几天内贬值50%。

泰国中央银行随即采取了严厉的措施阻止泰铢的贬值，措施包括将隔夜拆借利息(应用于保留超过一个交易日的仓位)提升至超过1000%，这项措施使得沽空泰铢要每日付出超过投资总额3%的交易成本。沽空泰铢的成本突然剧增，使得许多投资者面临强行拆仓的风险，因此，此举减慢了泰铢的贬值速度。

此后，泰国中央银行通过迫使投资者放弃对交易额超过三千万泰铢的隔夜持仓(沽空隔夜拆息率300%，做多隔夜拆息率-100%)稳定了泰铢汇率。

近年来泰国央行采取这种方式维持了泰铢利率的平稳。2006年9月泰国军事政变之后，泰国当局采取了新措施来打击以泰铢为对象的投机交易，因此到目前为止对于投资者来说泰铢都是很难自由交易的货币。

美元/新加坡元

新加坡币(SGD)受新加坡金管局严厉监管，后者禁止投资者隔夜持仓沽空新加坡币。虽然此项措施在短期内可能导致新加坡币汇率有大幅波动，但是长期看来有助于新加坡币汇率趋向平稳。新加坡币汇率同样由一篮子货币决定，这一篮子货币的组成从没被新加坡金管局披露过。当新加坡币汇率相对于一篮子货币的波动幅度超过2%时，新加坡金管局会通过大幅抛售/购入新加坡币进行干预。某些投机者通过建立一篮子货币模型来研究新加坡币汇率走势，当汇率走势接近波动幅度界限，投机者能通过这个模型找到入市时机。

新加坡的税务制度也是吸引外国资金的一个因素。由于大量资金流入新加坡，新加坡币在亚洲范围内属于强势货币，有充足的流动性。最近一次新加坡币兑美元贬值是由于信用危机爆发导致美元需求的大幅增加造成的。

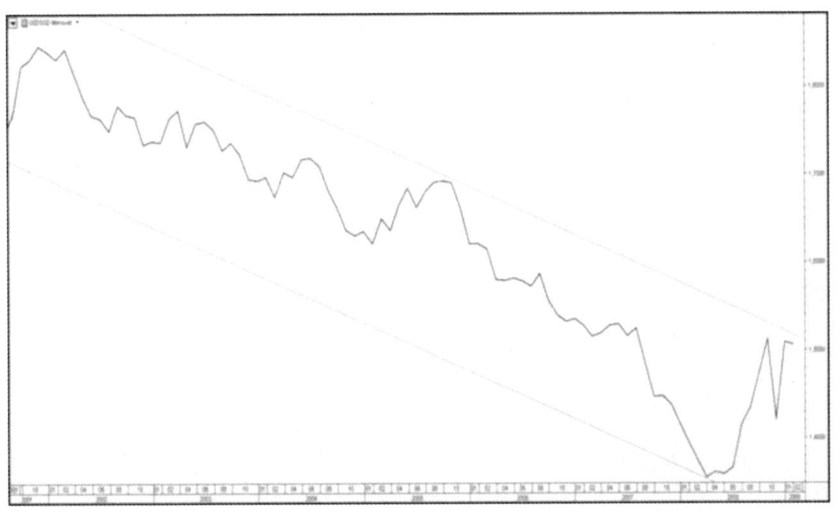

图 3-31:2001 年以后的新加坡币持续升值

其他亚洲货币:韩元/台币/马来西亚元

其他亚洲货币的特点大致相同,因为受监管严厉,所以交易的机会并不多。但我们仍然可以通过 NDF 来交易这些货币.

美元兑韩元:韩国是重要的晶片制造商,韩元走势与纳斯达克指数有关联性。

美元兑台币:以台币为标的物的 NDF 流通性有限,而且为了压制投资行为,美元和台币的兑换必须是出于贸易需求。

美元兑马来西亚林吉特:和人民币一样,林吉特与一篮子货币挂钩。

E. 趋同货币(有望被纳入欧元区的新兴货币)

美元/匈牙利福林

从 2001 年起,欧元和匈牙利福林能自由兑换。美元兑匈牙利福林每日成交额大约在 10 到 20 亿之间。匈牙利可能会在 2010 年到 2012 间加入欧元区,然而巨额主权债务很可能延迟匈牙利加入欧元进程。包括匈牙利在内的东欧国家在次贷危机中遭受严重打击,使得匈牙利进入欧元区的资格受到重大考验。人们普遍对于匈牙利能够遵守加入欧元区最重要的标准保持怀疑态度,即财政赤字必须低于国家生产总值3%,因为直到预期加入欧元区限期的最后两年,匈牙利也一直没有达到这个最低门槛。

美元/捷克克朗

1997年货币危机后捷克采取了浮动利率制度。自从加入欧盟以后,捷克央行一直为达到加入欧元区的(Maastricht)《马斯特里赫特条约》标准做准备。以捷克克朗为投机对象的交易活动相当活跃,每日平均交易额高达30亿到50亿美元。

美元/波兰兹罗提

波兰兹罗提从2000年起能够自由兑换。波兰最初预计在2008年加入欧元区,随后推迟到2010年,后来因为各种不利的申请条件和经济环境,最后决定推迟到2012年加入,但即使如此,前景也不容乐观。波兰兹罗提是比较活跃的货币,每日成交额大约20亿美元。

F.其他新兴货币

美元/俄罗斯卢布(USD/RUB)

从2006年起,人们能自由兑换俄罗斯卢布。以2008年7月15日的23.0472为最低点,卢布兑美元一直处于严重贬值状态,直到2009年年初回升到36.0000附近水平。卢布很有可能会随着石油价格的上涨重新返回上升轨道。

美元/土耳其新里拉(USD/TRY)

恶性通货膨胀使得土耳其里拉(TRL)在20世纪80年代和90年代不断贬

值。随着新里拉的诞生，土耳其货币自2003年起以其稳定的升值速度和高利率吸引了许多投资者。然而受套息交易拆仓潮影响，土耳其里拉兑美元从2008年第二季度开始大幅贬值。2009年3月，美元兑新土耳其里拉升至历史高点。由于土耳其维持高利率政策和市场对高风险资产仍抱有抵触情绪，投资者能在新土耳其里拉上赚取客观的利息差。新里拉每天平均成交量大概为30亿美元。

美元/南非兰特（USD/ZAR）

南非货币也被称作兰特。兰特的波动性非常大，是投机者热衷的交易对象。由于南非的经济很大程度上依赖黄金（黄金代码XAU），因此兰特汇率与黄金和原材料价格也有很强的关联性。南非外汇管制结束以后，兰特流动性在伦敦外汇交易所开放时间得到优化。虽然南非兰特兑美元曾大幅贬值，但是南非持续的高利率依然能重新吸引不少投资者的关注。

美元/墨西哥比索（USD/MXN）

墨西哥比索是南美洲国家中成交量最大的的货币。1994年墨西哥金融危机期间，比索在短短几天之内贬值数倍，随后汇率渐趋稳定。现在比索平均每日交易量在100亿美元以上，是相当受投资者欢迎的货币之一。2008年6月至2009年3月期间，比索贬值约50%，使墨西哥再起通胀危机忧虑。

我们不能在本书中一一详细讨论每组货币对的特性，因此，我们选择将重点放在能够通过外汇平台交易的货币对。在附录中，附有对更多货币对的介绍。值得一提的是，这些货币流动性相当有限，而且受国家或国际的严厉监管，以这些货币为投机对象的交易操作相当困难。

G.外汇市场2.0：虚拟货币

Linden币是在一款名为“Second Life”（第二人生）的网络游戏中，即在虚拟世界里流通的货币。但 Linden 币却能自由兑换成美元,汇率在 1 美元兑 250 至 300Linden 币之间浮动,2006 年高达 6 千万美元被兑换。与传统外汇市场一样,虚拟货币交易市场也能利用 Second Life 银行提供的高利率进行套利。值得一提的是,虚拟货币交易平台也在开发当中,投资者能通过平台买卖不同游戏的虚拟货币，在不久的未来，说不定会看到 Linden 币兑魔兽世界（《World of Warcraft》)币的外汇报价!

第四章

外汇交易高级技巧

第四章
外汇交易高级技巧

1.资金管理基础知识

正如我们在技术分析章节里介绍过，投资者即使是在同一时间内，交易方式也会有所差别。你可以根据自己所属的投资者类型，来考虑以下三个问题：

- **技术分析（要选择哪个技术指标来分析买卖点？）**
- **投资心理（每笔交易可以承担多大风险？）**
- **仓位控制的选择（也即资金管理）**

在该章节我们会详细介绍资金管理的基础知识，以便帮助投资者优化资金配置。在介绍的过程中我们会接触到一些心理学知识，因为在外汇市场的交易中，要战胜的敌人往往是我们自己。

A. 基本原则

资金管理是外汇交易中相当重要的一环：通过对交易"收益/损失"和"风险/回报"的估计，我们能控制投资损失，增加投资收益。资金管理也能帮助我们找准买入/卖出点。在每一次做出资金配比决策之前，我们都要大致确定在所交易货币对上收益和损失的概率。这样做的目的，在于确定获利可能额度大于亏损可能额度（或者说收益/损失比大于1）。然而我们也不能期望于收益/损失比30:1的交易机会出现（即意味着获利可能性额度是亏损可能额度的30倍），因为绝大部分的投资收益/损失比不会超过5:1。

只有结合交易风险分析才能正确计算每笔交易的获利机会。正如前文所介绍，市场波动越大，投资风险就越大。因此，当我们投资土耳其里拉时，所要承担的风险比投资欧元（主要货币）时更大。然而也不要忘记，市场波动越大，潜在的投资收益也越大。这两个参数能为我们分析投资风险回报率时提供依据。当风险/回报率以数字形式表达时，一个数值为4:1的风险/回报率表示该笔投资的潜在收益是风险的4倍。

通过分析这些参数我们能得知，当一货币对的波动性越大，它的潜在投资收益就越高；外汇的走势越"明确"，潜在投资收益就越小。风险的接受程度完全取决于投资者承担风险的心理能力，理性的底线在于我们承担风险之前，要确保投资的潜在收益可能性大于亏损的可能性。

B. 实际应用

在实际应用中，我们需要确定这些比率的具体数值。然而目前尚未发现一个全能的公式来计算各组外汇的风险和盈利性。这只有留待投资者自己通过分析技术指标来研究某个货币相对于其他货币上升或下跌的可能性。因此，也可以说比率值是非常主观的，在很大程度上取决于投资者的心理因素。

例如我们以欧元兑美元为交易对象。经过一系列技术分析，我们强烈感觉到欧元兑美元汇率会上升，预计风险 / 回报比例为 1/2。换句话说，欧元兑美元汇率上升 100 点的可能性比其下跌 50 点的可能性更大。根据这些分析结果，我们可以总结出买入欧元能为我们带来收益，而且我们还可以根据预期设定两种平仓卖单：

- **止损卖单，当欧元兑美元汇率下跌超过 50 点时自动平仓；**
- **止赢买单，当欧元兑美元汇率上升超过 100 点时获利离场。**

然而在实际交易中这也并不一定就是最终执行的订单！我们还可以根据汇率走势，随时调整离场点位：当预计升幅超过 100 点时，我们可以向上调整止赢价，来获取更多利润。因此，在实时交易中，我们应该时刻保持警惕，不断关注各方面的财经消息。交易时，还有一点要特别注意，**就是在汇率价格急剧波动时，要保持清醒的头脑，不要为汇率的暂时转向而改变之前对汇率趋势的判断。一旦下了决定，就要时刻用交易的初衷来提醒自己，在不排除微量调整的情况下，尽量避免外在因素影响判断**。我们同样要紧记一点：市场是不会出错的。外汇交易在于顺势而为，即使某外汇已经大幅贬值，它继续下行的可能性还是存在的。就在不久之前，许多投资者因为卖空日圆而损失惨重，美元兑日圆从 2007 年 2 月 23 日的 121.60 下跌到 2007 年 3 月 5 日的 115.15，然而，此后日圆的升值趋势并没有停止，在套息交易拆仓潮的持续影响下，日圆继续加速升值。2009 年 3 月初，美元兑日圆汇率下跌到 98.00 的水平。

在实际交易中，我们建议投资者不要贸然使用 40 倍以上的资金杠杆。也就是说，我们的持仓累计总额最好不要超过保证金额的 40 倍。作为汇市新手，选用杠杆最好不超过 10 倍，等交易熟练后再逐步增仓。这样我们既能通过真实交易来训练，又能避免承受巨大损失的风险。另外，在交易时，我们还要注意分散持仓，这并不意味着我们需要买入数十种外汇，两到三组外汇就可以达到很好的效果了。但需要注意的是所持外汇组合要符合一定的逻辑：如果沽空欧元兑瑞士法郎的话，就不要再买入欧元兑美元了！沽空欧元兑瑞士法郎，就是卖出欧元，而第二笔交易正好完全相反，是买入欧元！因为即使预期欧元兑瑞士法郎汇率下跌幅度可能比欧元兑美元上升幅度大，这种操作依然是不合理，和市场逻辑完全相反的。

为了保障资金安全，我们建议投资者采取分批投资的交易方式。例如，欧元兑美元现报 1.3500，预期汇率会上升至 1.3600。这时我们不应该在 1.3500 水平全仓买入，而可以将资金分成几份，随着汇率上升逐步买入。假设将资金平均分成 3 份，在欧元兑美元汇率为 1.3500 时我们先买入总资金的 1/3，汇率上升至 1.3540 时买入第二笔，1.3570 时买入最后一笔。在这种情况下，即使初始预计错误，我们大部分资金仍然是安全的。

当我们获利了结或止损离场时，也能采取相同的交易方法，分阶段逐步拆仓。

示例

我们以 1.3500 价位买入 10 万欧元兑美元，预计汇率会上升至 1.3650。欧元兑美元汇率按照预期升至 1.3650，然而我们不确定上升趋势是否完结。为了能从这波行情中继续获利，我们卖出一半仓位 5 万欧元兑美元。这时我们仍然持仓 5 万欧元兑美元。

这种交易技巧能优化我们的投资回报率：判断错误时能快速清仓，判断正确时能持续增厚盈利。当然这种交易技巧并不能保证完全理想化的交易（完全理想化的交易本身就是乌托邦），也即无法保证我们在最低点买入，最高位卖出。**然而，一个优秀的交易员，首要目标在于能持久、稳定地获利。**

这样的交易策略也能使我们面对汇率波动时更具灵活性。事实上,出于对判断失误的恐惧,有多少次我们不敢轻易交易。然而,市场的动向也一再和之前的直觉相吻合!当我们终于决定交易买入某外汇,厄运来临,市场突然发生了转向,我们只能止损离场,抱怨市场总是和自己作对。可是离场不到5分钟后,我们卖出的外汇汇率又再度上涨!

分批投资能减少我们在作出错误决定时的损失。当我们错过买入/卖出点时,分批投资能帮助我们继续发现下一个适合的操作点位。

资金管理最重要的一点是培养自己的交易风格。任何一种交易风格都是独一无二的,我们不能简单地去复制,同样一种交易方式,一些人运用起来是制胜法宝;其他人运用起来则可能处处碰壁。因此,我们要通过交易练习,来培养适合自己的交易风格。

C.交易与心理

因为背景和交易经验的差异,投资者对金钱持有的态度也不同。在外汇交易中,我们要有平和的心态面对金钱。**即使我们在一天或者一星期内获得大量收益,并不代表今后我们就能率性交易,同样道理,即使亏损,也不代表我们今后都是失败的投资者。**

另外,我们也不能用生活费来投资,因为这样会在交易中背负更大的压力。永远记住这句话:不能用急需的资金去投资。

我们举一个具体的例子:一个用了90%资产去投资外汇的投资者在心理上远比一个只用5%资产的投资者更脆弱!这种脆弱的心理在外汇交易里是极端有害的,每笔交易都为他带来担忧甚至是恐惧,由此导致不合理的操作(买入高风险外汇品种,在交易前最后一秒改变决定等等)。对金钱的平和心态,能使我们在交易过程中保持良好的状态。这也是为什么我们要量力而为,适量投资的原因。

然而，平常心在外汇交易里并不代表对金钱的无动于衷！不在乎金钱的投资者，是不可能作出合理判断和制定合适策略的，而外汇交易最讲究的就是直觉判断和策略运用。因此，我们要有“适度”的平常心。

以下是几条黄金准则，不仅能指导我们的交易，还能帮助我们控制情绪：

• 在一笔交易中不要全仓买入。选择两到三个外汇对分散我们的资金，并使我们的可用保证金处于一个理想的水平。

• 我们在研究市场反应的时候也要研究“自己”的反应。虽然我们能通过多种分析工具的运用研究市场趋势，也不能被动地等着市场发出交易信号。即使不能确切预计市场未来走势，我们也要准备好应付各种可能情况的对策。这样能使我们有效地做出反应，快速地止损离场，或获利了结。

• 如果我们看准了机会，就不要迟疑，立即建仓。但我们仍建议采取分批投资的交易策略，这样即使在判断出错时也能保护持仓。要注意的是，我们不能过于固执而不愿离场，应该要为每个仓位设定止损点。

• 汇市新手经常会在电脑面前浪费时间，看着汇率的波动变得异常紧张。但是无论我们怎么盯着走势图看，汇率也不会按照我们的意愿来波动！我们建仓之后，当然需要定时跟踪汇率的走势，然而点数实时浮动，却并不是我们要分析的技术指标！也就是说，一直盯着账户的资金波动是毫无意义的。

最后，在汇市中还要关注投资者的一般行为。事实上，由于汇率受到许多经济数据的影响，往往使这个市场带上浓厚的心理学色彩。投资者会选用技术分析作为交易依据，是因为技术指标 看起来更“真实”和“具体”，由此也就不难理解支撑 / 阻力这些关键心理关口的重要性了。

投资者的市场预期对外汇走势有重要影响，尤其是在较少经济消息公布时段，由于可供参考的具体指标较少，投资行为会更倾向于投机性质。

• 上升（下降）趋势期间，当汇率接近整数点位时，往往能突破这些点位。

• 在整数点位上会有许多止损或限价订单被设定，由于执行这些订单，汇

率趋势反转或者加速都是很有可能的。

● 当汇率达到历史性新高 / 新低时，汇率往往会因为投资者的获利了结发生小幅回调，然后继续冲高 / 下跌。

● 流言传出时买入，消息正式公布时卖出——这是外汇市场上的一个常识。汇率通常会在市场预期某项措施实施的过程中上升，但是当消息被证实时，会因为市场已经消化了这个消息以及投资者获利离场导致汇率下跌。这种情况在央行利率调整公布阶段常常发生：当市场有所传闻，汇率上升，而一旦加息决定正式公布之后，汇率会下跌。

● 某些经济数据或报告相对于其他报告影响更大。然而这并非总是真理，有时只是因为某种经济数据比较流行的原因。因此我们要时刻关注不同的消息对汇率的影响和它们的走势变化。

D.外汇市场的优点和缺陷

因为巨大的交易量，充足的流动性以及货币汇率的变动幅度，外汇市场成为世界上投机性最大的市场。我们由此往往认为大部分的投资者都从这个市场中赚取如同天文数字般的利润。然而事实上，每当一个投资者从汇市中获利，可能就有许多投资者在汇市里亏损。

这些投资者亏损的唯一原因就是错误地估计了汇市里获利的可能性。只有冒着巨额亏损的风险，才能获得高额的回报，这个道理在任何一个金融市场都适用。另外，超短线日内交易需要极高的自律性。外汇交易并不简单，否则所有人都早已通过外汇市场成为百万富翁，即使经验丰富的交易员也不能避免偶尔的亏损。外汇交易是需要时间去实践的，成为优秀的外汇投资者并没有捷径可走。

资金杠杆是外汇市场中相当吸引人的一个部分，却也是导致亏损的一个主要因素。许多投资者即使正确地分析了市场趋势，找到了合适时间建仓，然而却因为使用过高的杠杆比例，无法保持仓位而导致亏损。

假如我们存入1万欧元保证金,就能投资一百万欧元。例如我们以30倍杠杆买入30万欧元兑美元,这种交易已经算是非常高的杠杆比例,即使对于大部分的对冲基金来说,资金杠杆的使用也只是接近5倍而已。

2. 外汇交易策略

A.不同的交易风格

外汇市场具有高度灵活性,每个投资者都能通过交易训练找到适合自己的交易风格。

我们要根据自身的特点来制定交易策略。这些特点通常包括:资产、可用于投资的资金、承受压力能力等等。为了更好地帮助大家培养自己的交易风格,这章内容将为大家介绍最常用和最有效的交易策略。对于所有交易策略,我们都推荐使用4小时图或日线图,因为这样我们能找出市场大致趋势和主要阻力/支撑点。

我们在这一章中选择避繁就简,向大家简单介绍基本的交易策略原理。主要目的在于帮助投资者学会根据自己的资金情况和心理状况选择合适的交易策略。

超短线交易策略

超短线交易是指持仓时间极短(几秒钟到几分钟),以赚取少量点差(一般情况下5点到20点)为目的的交易。这种交易一般情况下会采用比较高的杠杆比例。

超短线交易技巧是所有交易技巧中最难掌握的一种。然而这种交易方式却能为投资者带来最丰厚的回报，因为无论汇率处于上升/下跌趋势中，都能通过超短线交易获利。

表 4-1：超短线交易特点

超短线投资者的特点	资金充足、压力承受能力大、市场反应快
选用的技术图	5 分钟 K 线图（日本烛形图）
平均杠杆比例	30 到 50 倍
止赢点位	5 到 20 点
止损点位	止赢点位的一半
推荐技术分析工具	区域阻力/支撑位，5 天平均移动线与 10 天平均移动线交点
优点	在上升/下降趋势时能将利润最大化
缺点	这个交易策略需要清晰的头脑，当支撑/阻力位被突破时有较大风险
推荐交易品种	英镑/美元、欧元/日元、欧元/美元、英镑/日元

图 4-1：5 分钟英镑兑美元技术图，5 日指数移动平均与 10 日指数移动平均相交，超短线交易实例

日内交易

日内交易是指一天之内反复操作、不隔夜持仓的交易方式。

表 4-2:日内交易特点

日内交易员特点	有一定空余时间（每天 30 分钟，用于设单）、承受压力能力大、市场感觉敏锐、短期趋势分析能力强
选用的技术图	30 分钟 K 线图
平均杠杆比例	20 到 40 倍
止赢点位	20 到 50 个点
止损点位	止赢点位的一半
推荐技术分析工具	区域阻力/支撑位，5 天平均移动线与 10 天平均移动线交点
优点	能够短线获利，比超短线交易所受压力更少，风险更少
缺点	对建仓点位和止损点位的设定要求较高
推荐交易品种	主要货币

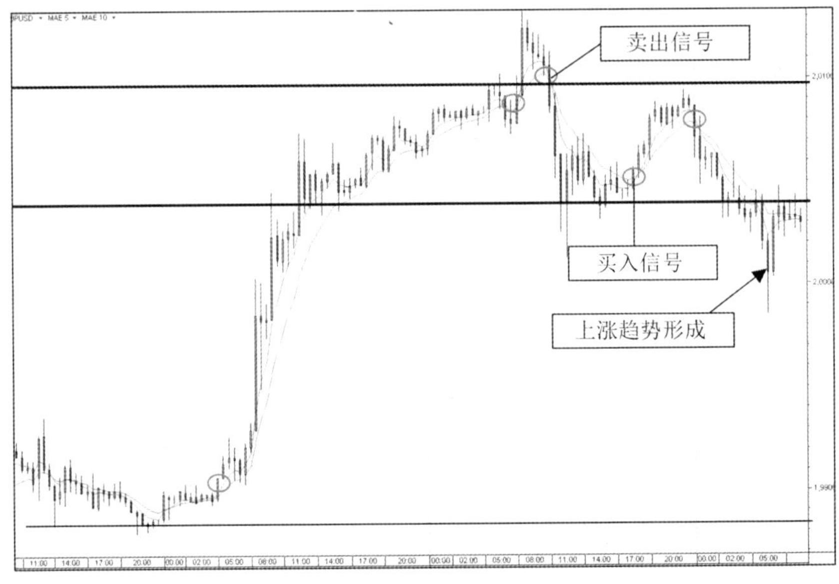

图 4-2:30 分钟英镑兑美元技术图,5 日指数移动平均与 10 日指数移动平均相交,日内交易实例

中长线交易

中长线交易是指持仓时间超过一天的交易方式。

表 4-3：中长线交易特点

中长线投资者的特点	空余时间少，采用价值投资方式。熟知宏观经济形势，较少依赖技术分析
选用的技术图	4 小时或日 K 线图，结合 30 分钟 K 线图分析买入点
平均杠杆比例	10 到 30 倍
止赢点位	60 到 200 点
止损点位	止赢点位的一半
推荐技术分析工具	主要阻力/支撑位，趋势线
优点	从主要上升/下跌趋势中赚取利润，无需投入精力分析短期汇率波动
缺点	需要较多资金来维持仓位
推荐交易品种	所有外汇（要注意波动较大的异国货币品种）

B. 基于技术分析的交易策略

因为汇市投资者众多和不间断开放的原因，使得技术分析在外汇市场上的运用最行之有效。我们在这段内容里将主要学习技术分析的的基本原则。

图 4-3：英镑兑美元日线图，长线交易例子

支撑和阻力

正如我们在前面学习到的，支撑和阻力是比较可靠的技术指标，能为我们提供汇率走势的预测依据。

在支撑点以上建仓，在阻力位以下离场，这是阻力线和支撑线的使用原则。同样道理，我们也可以在阻力位以下卖出，在支撑位以上买入。

投资者在一开始研究支撑 / 阻力线时，可能需要一点时间来绘制这些点位，但随着经验的增加，就可以一眼就找到这些趋势线。我们建议投资者使用 4 小时和日 K 线图来寻找支撑和阻力，因为这两种技术图在反映趋势上最具代表性。

以下是绘制方法：

1.找到出现至少两次的最高 / 最低点

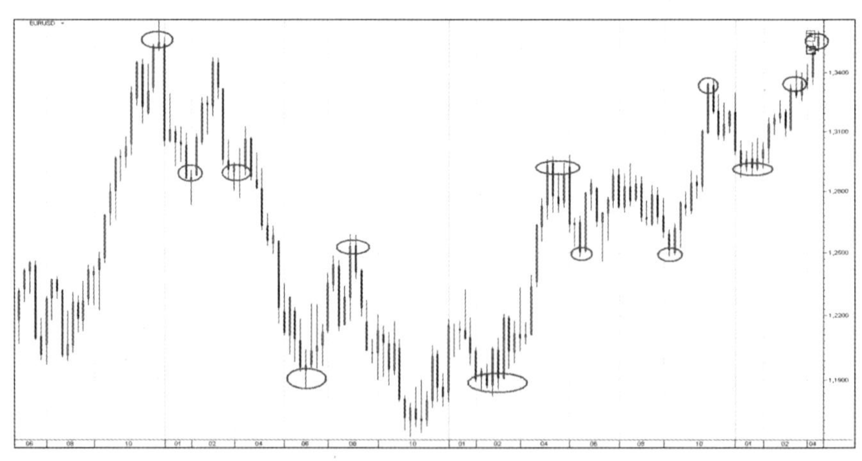

图 4-4：找出至少出现两次的最高 / 最低点

2. 将同一水平线上的最高 / 最低点用直线连接起来

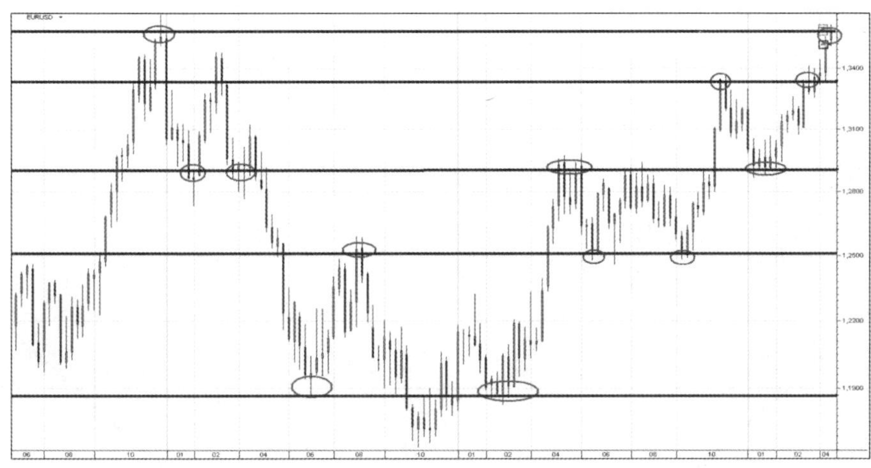

图 4-5:找出支撑和阻力

在同一条支撑 / 阻力线上的点越多,这个点位就越难被突破。

3.根据以下方式操作

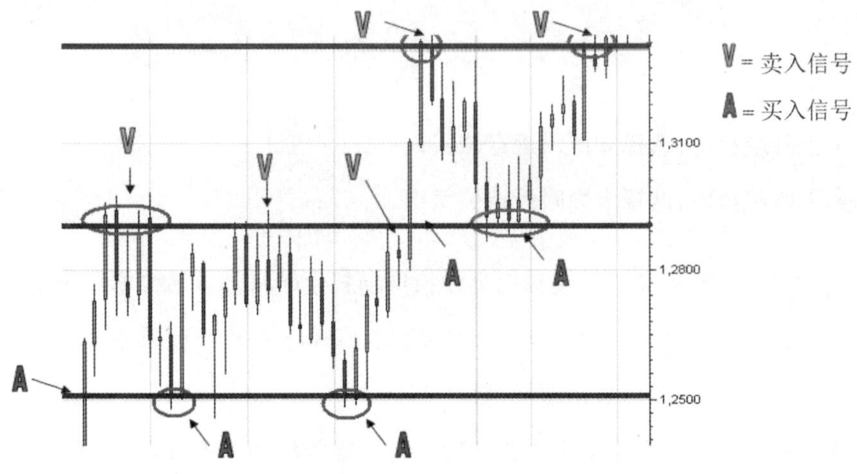

图 4-6:根据支撑 / 阻力操作

主导趋势

这种技术分析是假定汇率在长期内会沿着相同方向发展（日、周或月线图）。因此，顺应市场趋势并选择好入市点位是趋势交易的重点。

分析市场趋势反转时刻是这种技术分析的关键所在。下图是欧元兑美元周线图，当然通过周线图是不可能找准点位的。我们要通过更细致地分析 4 小时甚至是 30 分钟 K 线图来找到主要趋势中的支撑和阻力。

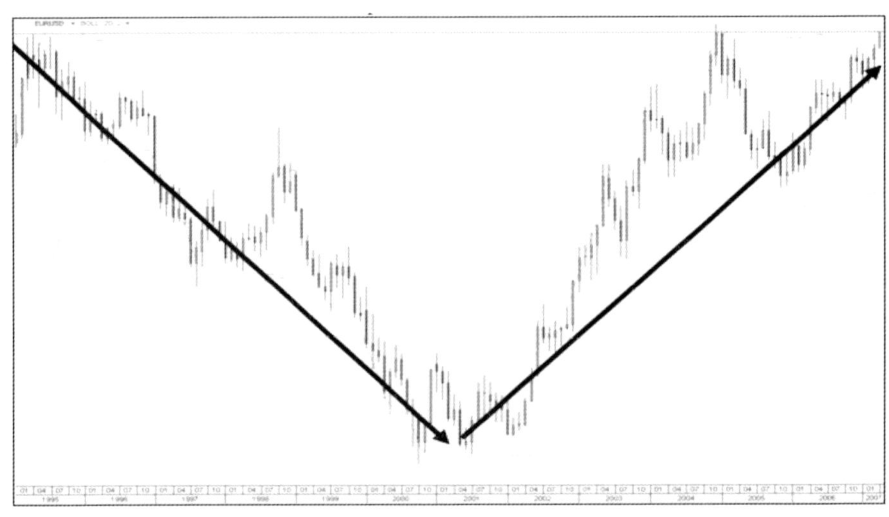

图 4-7：欧元兑美元月线图，趋势交易

- **上升趋势时，选择支撑附近点位买入**
- **下跌趋势时，选择阻力附近点位卖出**

通过两条指数移动平均线我们可以找出趋势反转时刻：日线图采用 10 个单位时间和 25 个单位时间的指数移动平均线，对 4 小时 K 线图采用 10 个单位时间和 45 个单位时间指数移动平均线。

当较短时间的指数移动平均线在较长时间指数移动平均线之上，通常说明汇率处于上升趋势。

当较短时间的指数移动平均线在较长时间指数移动平均线之下,通常说明汇率处于下跌趋势。

我们在使用指数移动平均线时,要结合其他分析工具,例如我们上一节所学的阻力/支撑位和趋势线。

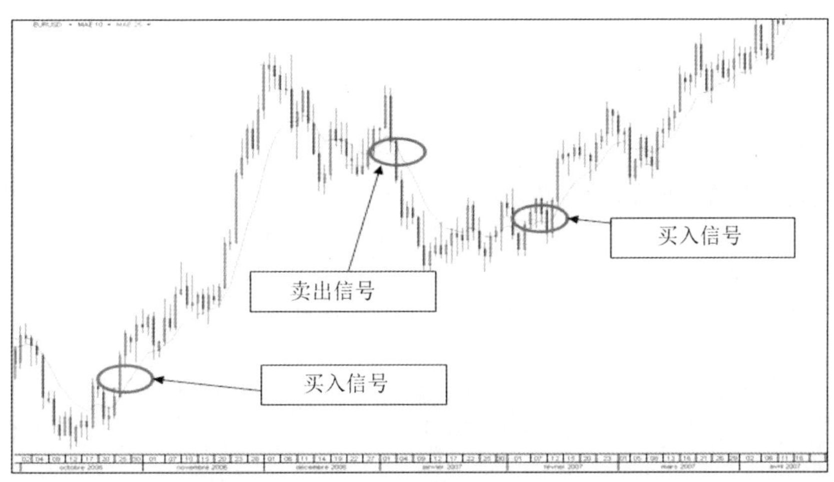

图 4-8:欧元兑美元日线图,10 个单位时间和25 个单位时间指数移动平均线

Double Zeros **双零(整数点位)**

如果我们能够知道止损/止赢订单的集中价位,就能增加交易成功的可能性。事实上这些止损/止赢订单的成交能使市场快速波动。当市场上出现不明原因的峰值时,我们常说,这有可能是因为这些限价定单的成交而引起的。我们在这里讨论的交易策略是和市场交易者心理有关的投资技巧。**事实上,许多投资者都很自然地倾向于在“双零”整数点位上设置止损/止赢订单。在制定交易策略时,我们要把这些整数点位订单考虑进去。**

这种技巧也相当普遍,许多投资者(无论有意与否)会不约而同地在“双零”位置上设置订单,令整数点位有着神奇的“预言”能力。这些点位在第一次被突破后,汇率会加速上升/下跌,以下是几个特别的例子:

欧元兑美元的 1.3000 位置;英镑兑美元的 2.0000 位置;美元兑日圆的 100 位置等等。

最后,值得注意的一点是目前外汇期权(Options)的成交量在持续上升。和止损 / 止赢定单一样,期权交易员也倾向于在整数点位或界限(barrier)执行期权。这种交易行为对汇市的影响和止损 / 止赢订单类似,当汇率接近整数点位时,期权的交易量会大幅增长。

双零交易策略是指在汇率比价最后两位数字为 0 时交易的策略,例如:

示例:英镑兑美元,双零买入策略

推荐交易策略:
→在汇率下跌趋势后,出现的双零整数点位买入;
→在低于买入价20点位置设止损订单;
→在高于买入价50点位置设止赢订单。

图 4-9:英镑兑美元 10 分钟图

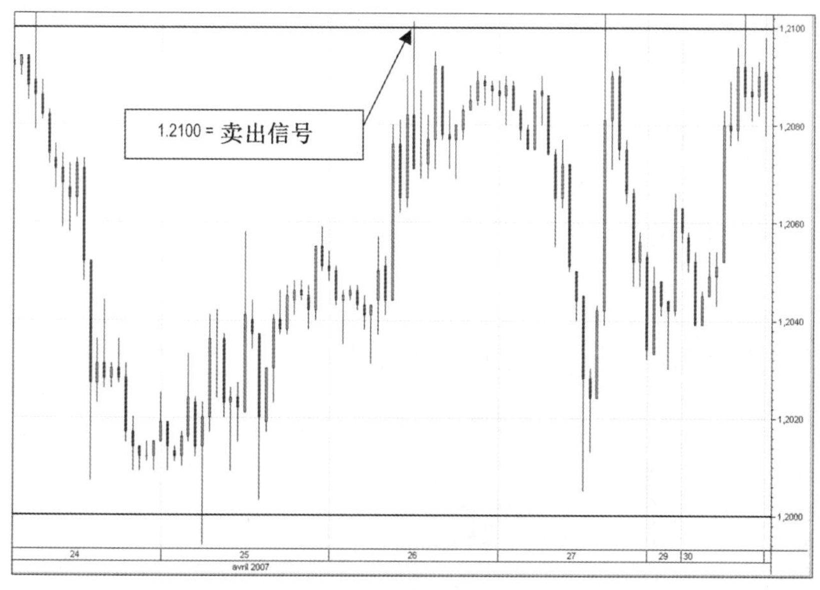

推荐交易策略：
→在汇率上升趋势后，出现的双零整数点位卖出；
→在高于买入价20点位置设止损订单；
→在低于买入价50点位置设止赢订单。

图 4-10:美元兑瑞士法郎 30 分钟图

我们同样要结合其他技术分析工具(如支撑 / 阻力位、移动平均线等)来完善这种交易方式,以便使双零交易策略能为我们带来更多的利润。

Breakouts 突破

运用这种突破交易策略,需要选取连续数天(至少 3 天)的外汇走势来分析。这种策略的基本步骤是:如果第一天的最高 / 低点在第二和第三天没被突破,之后一旦汇率向上突破高点时,我们可以就买入这组外汇;相反,之后一旦汇率向下突破了低点时,我们就卖出这组外汇。这种方法相对简单,非常适合日内交易者使用。这种交易策略的第一步就是找到突破点(breakouts points),即第

一天的最高 / 低点。寻找突破点的方法如下：

1.选取连续的 3 个或以上交易日，而其中第一天的最高 / 低点没有在第二天以及第三天被突破；

2.我们分别根据最高点和最低点绘制两条平行线；

3.当汇率穿越上界时，我们买入这组外汇；当汇率穿越下界时，我们卖出这组外汇。

示例：欧元兑美元，点交易策略中的买入信号

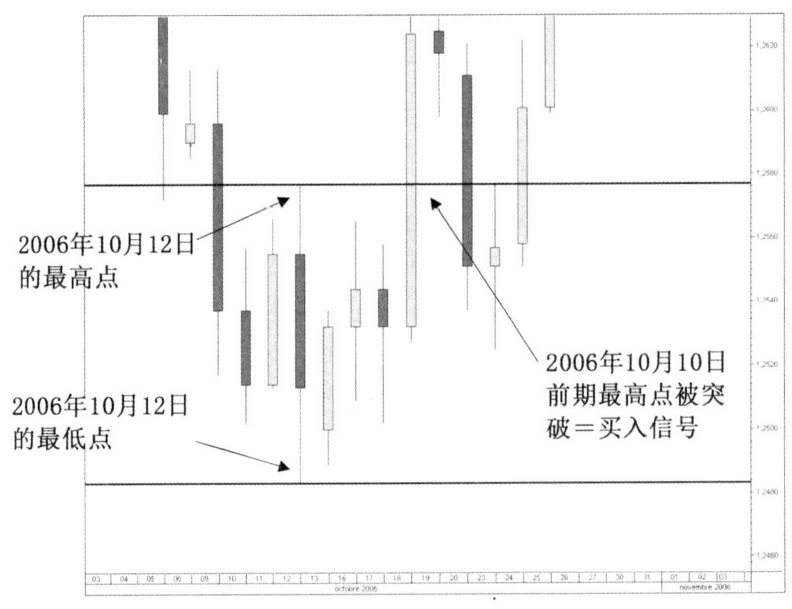

突破点买入策略：

→在高于"突破点"10点位置买入；
→在低于买入价20点位置设止损订单；
→在高于买入价50点位置设止赢订单。

图 4-11：欧元兑美元日线图

示例:欧元兑美元,突破点交易策略中的卖出信号

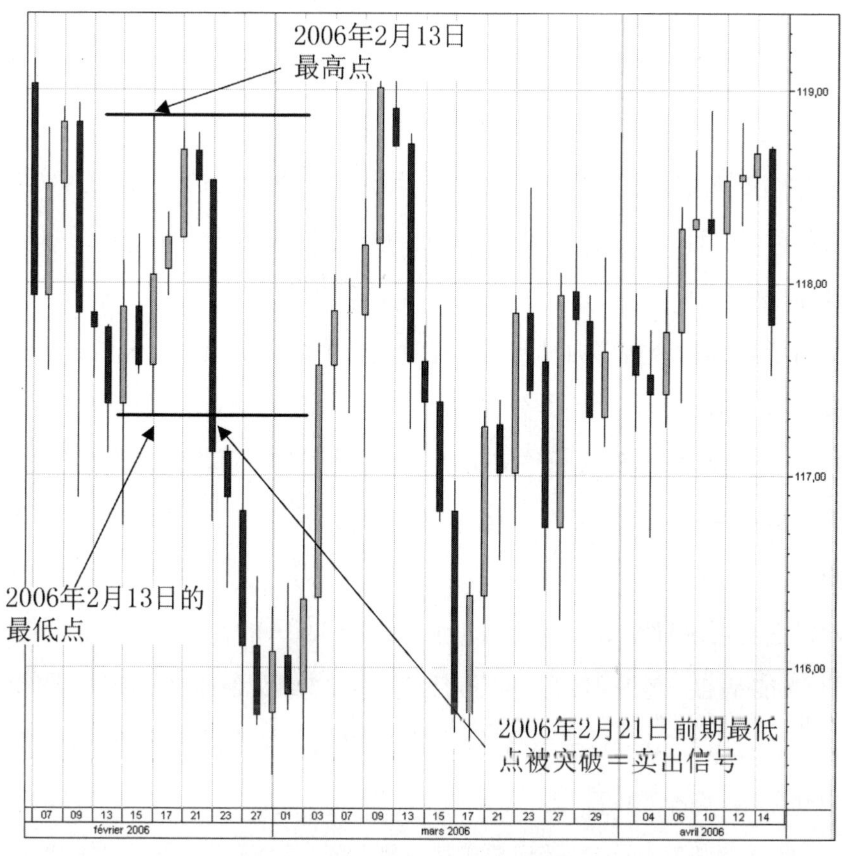

图 4-12:美元兑日元日线图

为了使突破点交易策略更加有效,我们建议选择波动性强的时段,尤其是汇率反复上升 / 下跌的过程。

另外,我们也要注意那些“假突破”。当这些“突破点”与支撑 / 阻力点重叠时,这种突破很可能是“假突破”。

"U"型交易策略(Thomas Jé gu 托马瑞古)

托马瑞古作为个人投资者开始了外汇交易生涯。在随后的交易过程中,托马瑞古自创了几个简单而有效的交易策略,U 型交易策略就是其中的一个。这种交易策略能帮助投资者找准外汇买卖点。无论我在任何情况下,U 型交易策略都能通过图像分析找出关键点位。这一章节中将会详细讲解这种 U 型交易的使用方法,以及一系列与这种交易策略相关的资金管理方式。

(一)判断 U 型 K 线组合

这种交易策略的基础在于通过分析图形来判断外汇的超买 / 超卖情况,并且设法利用之后的调整过程中获利。这种交易策略应用范围很广,可以适用于长、中或短线交易。

判断 U 型组合需要同时运用三种时间长度的日本烛形图来对货币组合进行分析:4 小时、30 分钟和 10 分钟。我们通过 4 小时 K 线图分析基本趋势,然后通过 30 分钟和 10 分钟 K 线图来分析中期短期趋势。**基本趋势为上升时,我们此时的操作主要是顺势买入,相反当基本趋势为下跌时,我们的操作主要是顺势卖出。**

以下是判断 U 型 K 线组合的 3 个步骤(详见下图):

1.判断急跌 / 急升:急跌 / 急升可以通过一条或两条连续的阳线 / 阴线来判断。对应 4 小时、30 分钟和 10 分钟 K 线图,累计的幅度的长度分别至少需要大于 100 点、80 点和 60 点。

2.等待趋势整合一致:我们要等待两到三条"筑底"、"筑顶"K 线的出现来确定升势 / 跌势的完结。

3.等待买入 / 卖出信号:当急升 / 急跌结束后汇率修正幅度超过 25%时,就是买入 / 卖出的时刻(回调幅度为 25 点、20 点、15 点分别对应 4 小时、30 分钟、10 分钟 K 线图)。

事实上,这种交易技巧结合了许多技术分析工具,我们并不需要完全知道每个步骤原理:我们把 RSI,移动平均线和阻力 / 支撑位结合起来分析也能得到

同样的结果。以下是英镑兑美元 30 分钟的 U 型 K 线组合例子:

图 4-13:英镑兑美元 30 分钟的 U 形 K 线组合

从这个例子中我们能看到,汇率在几小时内大幅下跌了 115 点。超卖信号(1.急跌出现)在低位 1.9845 出现,随后出现 5 条筑底 K 线(2.筑底)。汇率随后修正了之前 25%幅度的急跌,升至 1.9870,买入信号出现。(3.买入信号)。

(二) 确认 U 型走势后的交易策略

1.**建仓**:我们在买入信号出现后建仓。在一般情况下,我们可以利用 5 到 20 倍杠杆比例,在 1.9870 的位置买入。

2.**设止损卖单**:在低于 K 线最低点 20 点设止损位,在该例中为 1.9825。

3.**设止赢卖单**:在急跌开始的位置设止赢点,在该例中为 1.9945

在这笔交易中,盈利期望为 100 点,而可能的亏损则为 45 点。因此资金管理原理也在 U 型交易法中得到体现,收益损失比约为 2:1。

在以上的例子中，我们将U型交易法应用在短线操作。我们也可以在长线投资中采用这种策略来交易各种外汇。另外，我们也可以调整参数来达到增加持仓和放大利润的目的。

U型交易的分支策略

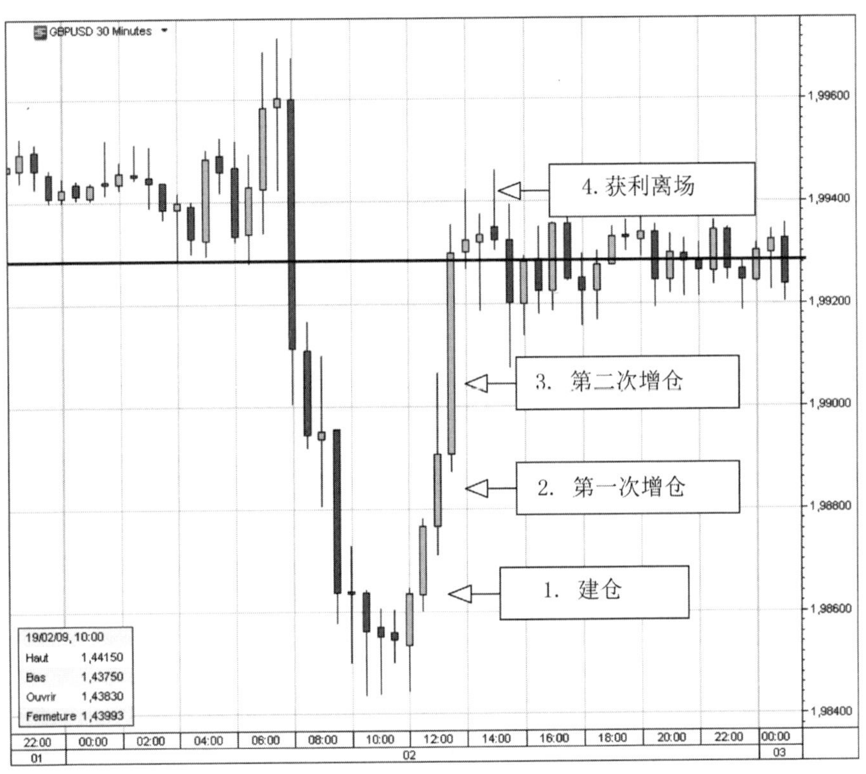

图4-14:U型交易的分支策略

我们可以通过有效的资金管理逐渐增仓。

这种交易策略分成四步：

- **第一步：建仓**
- **第二步：第一次增仓**
- **第三步：第二次增仓**

- **第四步:获利离场**

这种交易方式和U型交易大致相同，唯一不同的是中间多了两次增仓操作。在之前的例子中,我们设定了100点的止赢位置。现在我们另外设定两个增仓点位:汇率每上升20点就买入,并为每次买入设置相同的止赢点。最后为了增加盈利的安全性,还要为每个仓位设置相应止损点。

最后的建议

①在汇率急跌后的筑底阶段,至少等待3条以上的K线,来确定跌势的结束。筑底出现前交易风险较大。

②K线组合也可能会以“V”或“M”的形式出现,操作步骤和U型交易策略相同。

③为了提高这种策略的准确率,我们强烈推荐选取4小时K线图来分析并且顺势操作,否则阻力/支撑被突破的风险相当大。

④最后,我们一定要为每笔交易设置止损点,这样做能防止趋势反复导致的严重亏损。

C.技术分析以外的交易技巧

比起其他金融市场,外汇市场的吸引之处就是其信息充足,并且不存在内线交易的特点。一个优秀的交易员只需要密切关注市场动态,预期市场走势并落实到交易中,便能轻松获利。这种交易方式是外汇市场里最佳的投资策略,以下三个投资者就是用这种方式在汇市中取得巨大成功：乔治·索罗斯(George Soros)、斯坦利德·鲁肯米勒（Stanley Druckenmiller）和安迪·克雷格(Andy Krieger)

乔治·索罗斯

1992年夏天,很多投资者对英国加入欧元区的消息进行投机。如果英国拒绝加入欧元区,英镑将面临大幅贬值。世界最大对冲基金——量子基金的创办人,著名金融家乔治索罗斯也是如此认为,因此他沽售了100亿英镑!英格兰银行用尽一切方法,尝试稳定英镑汇率,但是所有努力在巨额抛售面前都变得徒劳无功。1992年9月16日(黑色星期三),英镑保卫战结束,英格兰银行再没有更多的资金去买入英镑,英镑汇率一泻千里。这笔交易为索罗斯在仅仅一天之内赚取了高达10亿美元利润。

斯坦利·德鲁肯米勒

德鲁肯米勒是乔治·索罗斯早年的旧部,目前担任他自己于1981年成立的Duquesne Capital对冲基金的首席执行官 。1989年,德鲁肯米勒预期东西德会统一,决定买入超过20亿德国马克。他认为柏林墙的倒塌会使德国货币飙升。这个简单的想法令这个交易员成为亿万富翁。我们至今无法计算德鲁肯米勒在这笔交易中赚得多少利润,而他旗下的基金在今年的增长率已经超过60%。

安迪·克雷格

安迪·克雷格在Banker's Trust工作时成名, 随后也成为乔治·索罗斯团队的一员。在1987年全球股灾期间,几乎所有交易员都卖出美元,买入其他货币。以新西兰元为首的许多货币,都在美元被抛售期间大幅升值。但克雷格率先预计新西兰元的升值将要结束,沽售2千万新西兰元,这笔金额比当时流通货币供应量还要多。新西兰元汇率在几天之内崩溃,安迪·克雷格在这笔交易中赚取了巨额利润。

这些操盘手的一个共同点就是他们都单纯依靠基本经济状况来交易。然而,随着市场越来越有效,这种交易方式将会变得越来越难以复制。但我们能通过这些例子看到,巨额的利润往往是与市场主流思维逆行而获得的。不过要注意的是,在大部分情况下,市场总是正确的。

D.基本交易策略

为了实现利润最大化,我们仍需将基本分析和技术分析结合起来制定交易策略。举个例子:在 2007 年 2 月 23 日和 2007 年 3 月 5 日之间,日元对其他货币大幅升值。按理说 2007 年 3 月是卖出日元的良好时机,加上日元和其他货币的利息差,(详看套息交易),使得沽空日元理由更加充分。然而在交易时,我们要时刻注意经济环境,当时金融危机尚未爆发而套息交易流行非常。也就是说,直到现在,即使日元已经大幅升值,沽空日元仍然是不明智的。许多投资者和机构都需要买入日元来偿还金融危机爆发前借入的日元债务。那么我们应该什么时候建仓呢?应该投资哪组日元相关外汇?

许多外汇投资者都没有慎重考虑上述问题。在交易中,他们往往只关注美元相关的外汇对,其实这些未必是最具盈利潜力的投资对象。在交易前,我们同样要考虑到外汇对中另一个货币可能的走势。在上面的例子中,投资英镑兑日元比投资美元兑英镑更加明智,原因在于美国经济已经略显疲态,美元弱势逐渐显示出来。而英格兰银行一直将利率逐步上调,因此英镑比起美元将更加强势。

为了更好地说明上述投资策略,我们可以参考以下 2007 年 3 月 1 日至 2007 年 4 月 27 日的英镑兑日元和美元兑日元走势图。

图 4－15:2007 年 3 月 1 日至 2007 年 4 月 27 日英镑兑日元走势图

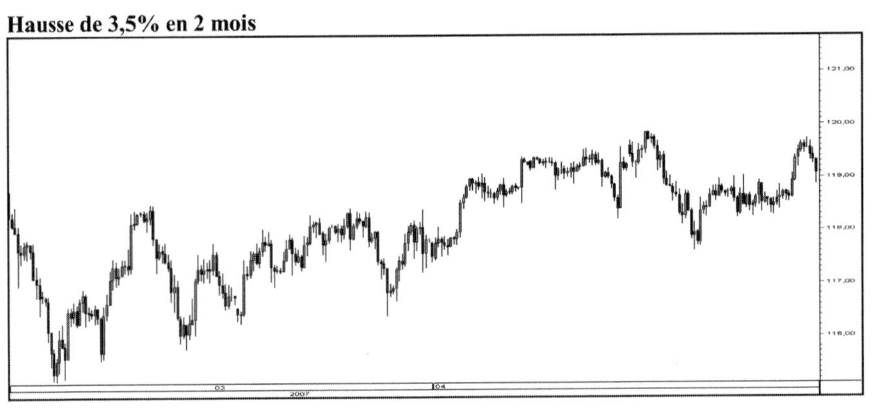

图 4－16:2007 年 3 月 1 日至 2007 年 4 月 27 日美元兑日元走势图

通过对两个走势图的分析我们能够发现,在 2007 月 3 月到 2007 月 4 月期间,买入英镑兑日元比买入美元兑日元获利更丰厚。因此,在选择投资对象时,为了使利润最大化,应该将经济局势和各国经济增长情况纳入考虑。

除此之外,还有其他能从基本分析中获利的投资方法,以下我们再介绍其中的两种:

经济数据发布时建仓

无论采取什么投资策略,我们都要关注经济数据的发布对市场的影响。我们在上一章提到,在所有经济数据之中,美国的经济数据对市场的影响最大。

经济数据影响市场的原理

每天我们都能在财经日历和新闻快报中获得这些经济数据。经济日历的时间是以格林威治标准时间为标准(对于法国而言,夏令时和冬令时时差分别是+2 和+1 小时)。

表 4-4:财经日历节录

Jeudi, 19-avr.-2007					
Heure	Pays	Événement	Période	Consensus	Précédent
00:30		Consumer Inflation Expectation	APR	--	21.00%
00:40		Bank of Japan to Release Monthly Economic Survey			
01:30		Preliminary BoP Imports MoM sa	MAR	--	3.00%
01:30		RBA Foreign Exchange Transactn	MAR	--	A$257M
05:00		Tokyo Dept. Store Sales (YoY)	MAR	--	-0.30%
05:00		Nationwide Dept. Sales (YoY)	MAR	--	1.70%
06:00		Producer Prices (MoM)	MAR	0.40%	0.30%
06:00		Producer Prices (YoY)	MAR	2.70%	2.80%
08:00		Industrial Orders s.a. (MoM)	FEB	1.30%	-2.10%
08:00		Industrial Orders n.s.a. (YoY)	FEB	2.00%	8.30%
08:00		Industrial Sales s.a. (MoM)	FEB	1.20%	-2.40%
08:00		Industrial Sales n.s.a. (YoY)	FEB	--	11.10%
09:00		ZEW Survey (Expectations)	APR	-20.5	-28
11:00		Consumer Price Index MoM	MAR	0.60%	0.70%
11:00		Consumer Price Index YoY	MAR	2.10%	2.00%

例如在格林威治时间 11 点时,我们能看到加拿大物价指数的发布。我们能在右起第二列中找到"市场预期值"(Consensus):

- **在"前期数值"(Previous)一列中,我们能找到上期数据。在这里上期加拿大物价指数为 0.70%**
- **"市场预期值"为经济学家对 11 时发布的物价指数预期值。**

经济数据发表时:**当数据和市场预期一致时,数据对市场几乎没有影响。相反,当数据和市场预期差距较大时,汇率很可能会剧烈波动。**

经济数据发布时段的交易

在经济数据发表的时候,我们不可能会有太多时间去仔细研究或比较市场预期和前期数值。在数据发表的同一秒,市场会根据消息重要性和市场预期吻合度迅速波动。使用这种交易策略时,要格外留神,因为市场波动的幅度可能会十分剧烈,而且许多投资者会倾向于在数据发表时段选择空仓。如果决定采取这种交易策略,就要使用较低的杠杆比例并把仓位控制在较低位置。

以下是在经济数据发布时段可以进行的三种交易模式:

- **在市场数据发表前建仓:这样做能最大化我们的利润。**
- **等待市场数据的发表,在数据发表的时刻建仓,即在趋势确定时建仓。**
- **在市场数据的发表后,等待汇率调整信号出现。数据发布的影响结束后往往会很快出现调整,数据发布后的波动很大程度上属于投机行为。调整的出现是因为投机者的获利离场。**

表 4－5:经济数据发表时的交易策略

平均杠杆比例	低
止赢点位(欧元兑美元)	10点到50点(根据经济数据重要性)
止损点位	止赢点位一半
推荐技术分析工具	无,完全依靠反应速度
优点	通过汇率大幅波动快速获利
缺点	需要在经济数据发表期间时刻关注市场,判断错误时无法更正

市场数据对欧元兑美元汇率的影响(以点差表示):

在图表中我们能观察到经济数据对欧元兑美元汇率的即时影响,和之后在整个交易日中的后续影响。

表 4 -6:经济数据对欧元兑美元汇率影响

经济数据发表后20分钟	平均波动幅度（点）	经济数据发表当天	平均波动幅度(点差)
非农就业数据	124	非农就业数据	193
FOMC	74	FOMC	140
国际贸易平衡	64	国债数据	132
通胀	44	国际贸易平衡	129
零售数据	43	贸易往来帐户	127
国内生产总值	43	耐用品数据	126
贸易往来帐户	43	零售数据	123
耐用品数据	39	通胀	123
国债数据	33	国内生产总值	110

套息交易(Carry Trade)

套息交易是外汇市场上非常流行的交易策略,是一种利用货币之间不同利率来赚取利息差的交易方式。具体来说,这种交易策略是通过买入高利率国家的货币,同时卖出低利率国家的货币来实现的,交易利润由两个借贷款之间的利息差构成。利用资金杠杆交易能放大息差利润。

使用这种交易策略需要时刻留意各种货币的利率水平。

举个例子:新西兰元利率为 3.5%,日元利率为 0.1%。我们买入新西兰元并卖出日元,这样利息差就为 3.4%。这种套息交易每天能为我们带来息差利润。如果利用杠杆,这个利润将变得更大。

我们能通过以下计算方法简单地计算套息交易每天产生的利润:

(详细套息交易计算方法见本章末尾部分)

利息差 × 杠杆比例 × 持仓天数 /360

在外汇交易平台上利息差会通过隔夜利息(swap)显示。每笔外汇交易都是一次存 / 贷款过程(“贷”是指借入利率较低的货币,“存”是指买入利率较高的货币),隔夜利息以点差的形式表示这个息差。每天,隔夜利息(swap)或“Rollover”都会根据所持仓位进行计算并通过平台显示出来。每组外汇每天都有相应的

Rollover。然而,只有息差较大的外汇货币对才会对所持仓位有明显影响。

以下是隔夜利息的表格:

表 4-7:隔夜利息历史表

Rollover history for Account 1

Instrument	Order	Amount	Position	Trade Date	Value Date - From	Value Date - To	Price - From	Price - To	Tomorrow/Next
CHFAUD	3907154	100000	Long	27 Sep 2004	28 Sep 2004	29 Sep 2004	1.167985	1.168151	0.000150
EURAUD	7867913	25000	Short	27 Sep 2004	28 Sep 2004	29 Sep 2004	1.631070	1.631157	0.000162
AUDUSD	6472949	100000	Long	27 Sep 2004	28 Sep 2004	29 Sep 2004	0.754998	0.754943	-0.000058
AUDUSD	6920686	50000	Long	27 Sep 2004	28 Sep 2004	29 Sep 2004	0.758218	0.758163	-0.000058
AUDUSD	7968424	25000	Long	27 Sep 2004	28 Sep 2004	29 Sep 2004	0.719083	0.719026	-0.000058
AUDUSD	9588119	25000	Long	27 Sep 2004	28 Sep 2004	29 Sep 2004	0.712714	0.712656	-0.000058
CHFPLN	8398916	50000	Short	27 Sep 2004	28 Sep 2004	29 Sep 2004	3.164432	3.164784	0.000310
EURCHF	6692989	50000	Long	27 Sep 2004	28 Sep 2004	29 Sep 2004	1.558086	1.558044	-0.000042
EURCHF	8268701	25000	Long	27 Sep 2004	28 Sep 2004	29 Sep 2004	1.540285	1.540243	-0.000042
EURCHF	8398867	25000	Long	27 Sep 2004	28 Sep 2004	29 Sep 2004	1.530117	1.530075	-0.000042
CHFNOK	8089899	50000	Short	[illegible]	[illegible]	[illegible]	[illegible]	[illegible]	0.000079

当我们持仓过夜时,所有未变现利润或亏损会带到下一个交易日。仓位在下一个交易日将根据这些利润 / 亏损产生的利息进行调整:如盈利则增加盈利部分的利息,亏损则减少亏损部分的利息。

表 4-8:09 年 3 月 5 日隔夜利息

EURUSD	0.000082/0.000044
USDJPY	-0.013/-0.0169
GBPUSD	0.000032/-0.000027
USDCHF	-0.000089/-0.000135
EURCHF	-0.00004/-0.000102
AUDUSD	-0.000004/-0.000031

当我们持仓过夜时,会经历“平仓”和“重新建仓”的过程。我们会发现,“清仓价”和“重新建仓价”会略有不同。这个细微的差距就是隔夜利息。

要注意的是,套息交易并不是“万试万灵”的交易方式。当投资者使用套息交易时,很有可能因为买入货币的汇率下跌而抵消所有之前获得的息差利润。

套息交易属于长线交易策略,关键在于找到息差较大外汇对的理想买入点和尽可能地长期持仓。

选对买入点是套息交易的关键所在,因为对汇率走势的判断错误会完全抵消息差利润。

举个例子:土耳其里拉对日元是套息交易的理想品种。日元利率接近0.1%,而土耳其里拉利率则高达约11.5%。因此每年套息利润为11.4%(暂不考虑外汇经纪对隔夜持仓收取的费用)。当我们采用10倍杠杆利润时,年套息利润可能高达114%。

正如前面所介绍,套息利润的风险在于汇率的波动。当市场波动大于利率波动时,即使我们每年能获得高达15%的套息利润,也可能因为买入的外汇汇率大幅下降导致套息利润被抵消,例如次贷危机导致的套息交易拆仓潮。以目前的情况来说,套息交易存在巨大风险,市场仍在等待回暖信号和投资者对风险交易的重新青睐。

最后值得注意的是,最近几年来大部分的套息交易都能获得成功,能为投资者带来更好的投资收益。

分散投资

有句谚语叫作"不要把鸡蛋放在一个篮子里",很好地解释了分散投资的理念。在投资金融产品时,我们也要遵守这个道理。分散投资和集中资金投资一种"有可能"获利极高的产品相比,可能意味着减少利润。但与此同时,和集中投资一种错误的产品相比,分散投资也意味着减低和控制风险。

我们可以用商业投资来类比汇市投资。当一个生意人要投资新兴企业时,无论其中一个项目是多么的有发展潜力,他都不会将全部资金全部投在这个项目上。最好的做法就是将一部分资金投资到10个不同的企业,这种情况下,只要其中一个企业高速增长,就能完全弥补其他投资所带来的损失。

分散投资又把我们带回到回报/风险比率的概念上。为了实现回报/风险比率的最大化,不仅要找到高回报的投资对象,还要注意风险的控制。这就是分散投资的关键所在。

外汇市场在分散投资中的作用

所有资产投资者都认为，通过不同金融市场的分散投资来降低风险是非常重要的。外汇市场是众多市场中唯一一个与证券市场没有相关性的金融市场，因此，汇市是投资者用于分散投资的首选市场。即使环球股市经历大幅下跌，无数投资者因为找不到接盘者而被套，外汇投资者仍然能从汇率波动中双向获利并弥补他们在股市上的损失。这归功于外汇市场的巨大流动性，无论多大金额的交易都能轻松成交。

另外，买入国外金融产品虽然是一种不错的分散投资方式，但是也使投资者在卖出这些产品时承受外汇风险。例如我们用美元买入美股，但同时美元兑欧元汇率下跌了，那么这个汇率的波动会抵消一部分投资收益。假如我们用和购买美股相同的资金去投资欧元兑美元，我们就能对冲一部分汇率风险：这种情况下，我们在美元资产上的损失能被欧元兑美元仓位的利润抵消。

因此，外汇市场能帮助我们主动有效地管理投资，而且这种管理并不需要我们耗费大量时间来研究汇市。我们只需要找准买入/卖出点并利用好订单，而无需担心交易金额的大小。因为多大的交易金额，外汇市场的流动性都能帮助我们达成交易。

关于汇市里提供的高额杠杆比例，我们可以有两种投资观感：

- **第一，当我们利用高杠杆比例时，也同时承担着高风险。我们能在短短几天之内把我们的资金翻番，但是这种投资的风险是相当巨大的。**
- **第二，当我们利用较低的杠杆比例时，我们则可以谨慎地管理资金。**

外汇市场的分散投资策略

我们在上一章节看到，通过多种金融市场分散投资能降低风险，而外汇市场是分散投资的最佳场所。然而在外汇市场上的分散投资同样相当重要的。全仓买入某组货币（即使我们看好该外汇）是一种相当高风险的投资方法。出于控制风险的目的,我们最好选择三到四组外汇来投资,在这种情况下,虽然我们不能使利益最大化,但在我们对市场走势判断错误时,却能很好地控制损失。当然我们仍要选择合适的外汇组来进行投资。

举个例子:

我们的账户上有1万欧元,我们希望以低于40:1的杠杆比例投资外汇,换句话说,我们调用的资金最多不超过40万欧元。

因为美国信用危机的爆发和美联储采取经济扩张措施引起的巨额财政赤字,我们预期强势美元只是短暂现象而美元兑欧元汇率中长期内将下跌。因此,我们决定买入10万 欧元兑美元和10万英镑兑美元。但与此同时,我们也希望能够减少因美元汇率上升而产生的风险。我们认为,美元汇率上涨只可能在汇兑东欧货币时发生,因为这些国家受到金融危机的影响更大。因此,买入15万美元兑捷克是非常明智的,不仅能对冲汇率风险,还能赚取买卖差价。

线上平台为我们买卖各种外汇提供多种交易选项。我们要根据我们的直觉、分析和承担风险能力来判断增仓/建仓。无论是依据什么原则交易,我们都要仔细分析盈利/风险比例。

货币相关性

相关性的研究是分散投资策略中重要的一环,也是某些交易模式的埋论依据。

由于汇率本身就是以一种货币的数量来标价另一种货币,因此,我们在交易时尤其要关注各种汇率之间的相关性。许多货币对都包含同一种货币并受到同一类型的指标干预,例如经济增长、政治、气候因素等等。因此,我们能看到许多货币对的汇率走势有较大关联度,同向或者反向。通过对比过往的汇率走势得出的关联度,也可能会随着时间逐渐受宏观/微观数据的影响而减弱或增强。对外汇的相关性如果运用得当,能帮助我们找到投资机会,降低交易风险和更好地评估我们持有的每个仓位。

外汇投资组合分析

当我们进行外汇交易时，我们的投资组合很有可能包含多种外汇品种。投资组合中包含的货币对正向相关较大(同向波动)时，会增加整个投资组合因某单一货币浮动而引起的风险。当我们选择投资的货币对负向相关（反向波动）时，投资组合的内在风险会减低，但同时也会极大地降低整个投资组合的潜在收益预期(在一组外汇上盈利而在另一组外汇上亏损)。

我们可以设定相关性在 -100 到 +100 之间波动。相关性越接近 -100，说明这两对外汇的波动方向趋于相反(负相关性)，同样道理，相关性越接近 +100，说明这两对外汇的波动方向趋于相同。相关性为 +15 的两组外汇被认为是两者之间的相关性不强。我们可以通过网上的外汇相关系数列表来分析各种外汇的相关性，但这个表格的缺点在于更新频率比较低。为了能更好地解读这些系数，下面我们以 2007 年 4 月至 2009 年 2 月的英镑兑美元和欧元兑美元走势为例。

2007 年 4 月英镑兑美元和欧元兑美元的走势相关性极高（91.5），而 2009 年 2 月两组外汇的相关性则下降至 63。两组外汇的相关性下降原因在于投资者对英镑在次债危机后的信心急剧下降。实际上，英国经济和美国经济之间有密切的关系，金融业尤其活跃，因此，英镑受到严重拖累，而在市场上被大量批售。

2007 年期间，英镑兑美元和欧元兑美元的买入(或卖出)多空趋势大致相当，也就是说投资英镑兑美元和投资欧元兑美元的意义是相同的。唯一的不同在于集中投资一组货币对比起投资两组货币对要相对简单的多。因此，投资者的错觉在于，以为同时购买这两种货币对就是在实践分散投资，其实却完全相反！如果投资者没有完全理解相关系数的意义，就很有可能会对高相关性的货币对进行反向操作(比如说买入英镑兑美元同时沽空欧元兑美元)我们在一组货币对上盈利的同时在另一组货币对上亏损，这种交易其实毫无意义。

如何更新各组货币对的相关系数?

各组货币对的相关系数是随着时间大幅变化的。外汇市场的交易额相当巨大，各国央行、经济数据或政治环境影响着汇率的变化，更新各组货币对的相关系数并不容易。以下我们将一起分析欧元兑美元和英镑兑欧元的相关性变化情况。

示例

我们首先要做的是收集最新的汇率数据。最好的方法就是由投资者自己利用 Excel 的强大功能来计算相关系数。

表 4-9：相关系数计算方法

A24 =COEFFICIENT.CORRELATION(A2:A22,B2:B22)

	A	B	C	D	E	F
1	**EUR**	**GBP**				
2	1.3365	1.9778				
3	1.3330	1.9742				
4	1.3367	1.9762				
5	1.3429	1.9708				
6	1.3374	1.9652				
7	1.3354	1.9625				
8	1.3439	1.9727				
9	1.3431	1.9748				
10	1.3481	1.9793				
11	1.3527	1.9861				
12	1.3534	1.9886				
13	1.3566	1.9899				
14	1.3608	2.0085				
15	1.3612	2.0034				
16	1.3590	2.0022				
17	1.3576	2.0009				
18	1.3639	2.0017				
19	1.3637	2.0014				
20	1.3600	1.9912				
21	1.3652	1.9976				
22	1.3647	1.9995				
23						
24	**0.91534084**					
25						

以下是计算相关系数的步骤：

- 选择分析对象。在这个例子中我们将分析欧元兑美元和英镑兑美元。
- 选择我们要分析的时段。在这个例子中我们选取 1 个月为分析时段。
- 将欧元兑美元和英镑兑美元导入 Excel 并排成两列。我们可以选择分析时段内每天的收盘价来分析（我们可以调用日 K 线图，每条 K 线代表一天的波动）
- 在一个空的单元格中输入指令"=CORREL"，然后输入左括号，用鼠标选择英镑兑美元的所有数据后输入","，再用鼠标选择欧元兑美元的所有数据，最后输入右括号。

Excel 中的相关系数会以小数表示。我们可以从上面表格看出，2007 年 4 月期间，欧元兑美元和英镑兑美元汇率日走势几乎完全相同。

我们不需要每天更新相关系数，通常可以每月更新一次。一些网站会自动提供每天汇率的收盘价。

短线投资者可以选取 1 小时收盘价来计算相关系数，然而，这样计算出来的相关系数许多情况下不能提供正确的交易依据。

欧元兑美元和英镑兑美元汇率相关性

当我们对美元中期走势有了一定研究之后，我们以欧元兑美元为对象进行操作。然而，这种操作方式不仅要求我们要分析美元，还要对欧元进行研究。建仓欧元兑美元后，我们可以买入英镑兑美元来对冲欧元的汇率风险。买入其他货币对也可以降低整个投资组合的内在风险。

	EUR/USD		GBP/USD		
	RISQUE	PERF.	RISQUE	PERF.	CORR
2004	15,00 %	4,00 %	19,00 %	8,00 %	0,94
2005	19,00 %	30,00 %	23,00 %	33,00 %	1,00
2006	15,00 %	25,00 %	13,00 %	20,00 %	0,93
2007	28,00 %	10,00 %	27,00 %	– 10,00 %	0,81
2008	35,00 %	–5,00 %	16,00 %	2,00 %	0,76

我们可以从上面的表格看到两组货币对的风险、波动幅度和相关性。而从下面的表格分析两组货币对的投资比例：

表 4–10:根据风险 / 收益指定分散投资策略

EUR/ USD	GBP/ USD	PERF. 2004	RISQUE 2004	PERF. 2005	RISQUE 2005	PERF. 2006	RISQUE 2006	PERF. 2007	RISQUE 2007	PERF. 2008	RISQUE 2008
0,00%	100,00%	8,00%	19,00%	33,00%	23,00%	20,00%	13,00%	-10,00%	27,00%	2,00%	16,00%
5,00%	95,00%	7,80%	18,69%	32,85%	22,79%	20,25%	13,01%	-9,00%	26,54%	1,65%	16,24%
10,00%	90,00%	7,60%	18,40%	32,70%	22,58%	20,50%	13,03%	-8,00%	26,14%	1,30%	16,55%
15,00%	85,00%	7,40%	18,11%	32,55%	22,38%	20,75%	13,06%	-7,00%	25,79%	0,95%	16,94%
20,00%	80,00%	7,20%	17,84%	32,40%	22,17%	21,00%	13,10%	-6,00%	25,50%	0,60%	17,41%
25,00%	75,00%	7,00%	17,58%	32,25%	21,96%	21,25%	13,14%	-5,00%	25,25%	0,25%	17,95%
30,00%	70,00%	6,80%	17,32%	32,10%	21,76%	21,50%	13,20%	-4,00%	25,06%	-0,10%	18,56%
35,00%	65,00%	6,60%	17,09%	31,95%	21,56%	21,75%	13,27%	-3,00%	24,93%	-0,45%	19,25%
40,00%	60,00%	**6,40%**	**16,86%**	**31,80%**	**21,35%**	22,00%	13,34%	-2,00%	24,84%	-0,80%	20,01%
45,00%	55,00%	6,20%	16,64%	31,65%	21,15%	22,25%	13,43%	-1,00%	24,81%	-1,15%	20,85%
50,00%	50,00%	6,00%	16,43%	31,50%	20,95%	22,50%	13,52%	0,00%	24,84%	-1,50%	21,76%
55,00%	45,00%	5,80%	16,24%	31,35%	20,75%	22,75%	13,63%	1,00%	24,91%	-1,85%	22,75%
60,00%	40,00%	5,60%	16,06%	31,20%	20,55%	23,00%	13,74%	2,00%	25,04%	-2,20%	23,81%
65,00%	35,00%	**5,40%**	**15,89%**	31,05%	20,36%	23,25%	13,87%	3,00%	25,23%	-2,55%	24,95%
70,00v%	30,00%	5,20%	15,72%	30,90%	20,16%	23,50%	14,00%	**4,00%**	**25,46%**	-2,90%	26,16%
75,00%	25,00%	5,00%	15,58%	30,75%	19,96%	23,75%	14,14%	5,00%	25,75%	**-3,25%**	**27,45%**
80,00%	20,00%	4,80%	15,44%	30,60%	19,77%	**24,00%**	**14,30%**	6,00%	26,10%	-3,60%	28,81%
85,00%	15,00%	4,60%	15,31%	30,45%	19,58%	24,25%	14,46%	7,00%	26,49%	-3,95%	30,24%
90,00%	10,00%	4,40%	15,20%	30,30%	19,38%	24,50%	14,63%	8,00%	26,94%	-4,30%	31,75%
95,00%	5,00%	4,20%	15,09%	30,15%	19,19%	24,75%	14,81%	9,00%	27,44%	-4,65%	33,34%
100,00%	0,00%	4,00%	15,00%	30,00%	19,00%	25,00%	15,00%	10,00%	28,00%	-5,00%	35,00%

根据上述数据，我们能通过制定分散投资策略来降低投资组合的风险①。

套利交易

真正的套利交易是完全没有风险的，然而外汇市场的有效性越来越强，使得套利的机会越来越难被发现。我们可以通过不同平台的不同报价实现套利，然而这种套利机会非常少有，往往是源于系统的错误而不是市场失效。使用货币期货合同(IMM)和外汇远期合同有时能帮助我们在新型货币上实现套利。然而这种套利机会也是非常少有，只有时刻关注市场的专业投资者才能捕捉得到。

在银行同业市场上，某些银行因为其本身的信用程度不足，不能得到和其他银行相同的流动性，从而使银行业市场出现套利机会。例如，在一些新兴市场上，本地银行因为信用评级较低，需要花费更大的成本来达成一笔交易。

顺带一提，一些市场嗅觉敏锐的投资者会利用更快的互联网接入速度来寻找套利机会。例如，一个用电话线连入互联网的投资者，和一个用高速宽带接入互联网的投资者，在同一时间内的买卖很可能会出现不同的成交价。外汇经纪将会很快处理这种同一时刻交易出现差价的现象，通过这种交易方式来套利的机会将很快消失。

---

① Pour plus d´informations sur la diversification, je vous conseille de lire : Financial Management, Théorie and Practice de Eugene F. Brighal et Michael Erhardt.
更多的投资分析策略，请参考 Eugene F. Brighal 和 Michael Erhardt 《Financial Management, Theory and Pratice》。

3.远期/期货/掉期交易/无本金交割远期

除了外汇现货,外汇市场还为投资者提供了其他种类外汇交易的产品。

A.期货

期货合约为买卖双方定下一系列协议,保证了合同持有人在特定时刻以特定的价格买入特定数量的货品。

期货合约主要用于对冲风险(对冲因为价格上涨或下跌产生的风险)或某些行业的专门需要(实物支付)。例如,一个生产商会买入小麦期货合约来对冲因为小麦价格上涨或下跌带来的风险,或者出于未来某时刻对小麦的需求而购买小麦期货合约。

然而大部分期货合约的交易都是由投机者达成的,他们通过买卖赚取差价利润。这些投机者的交易增加了期货市场的流动性,并逐步消除了不同市场的相同货品价格差异。

期货合约的所有条例在订立的时候生效:数量、标的物种类、单位价格、交割日期和交付方式。

期货合约的价格由未来交付的商品或金融标的物价格决定。

B.外汇期货合约

投资者能通过购买外汇期货合约来在未来特定时刻买入特定数量的外汇。

外汇期货合约与其他期货合约一样，有着各种标准规格，因此，外汇期货合约的价格计算方式与其他期货合同一样。基本上外汇期货合约交割期为3个月。理论上，3月期货价格与3月远期直接合同价格相同。

在美国，因为期货市场的规范化和较低交易成本，外汇期货在很久以前就比外汇现货更受投机者的青睐。

每种期货合约都有六种交割日期。为了找到这些合约的报价，我们先要知道每种外汇期货合约的代码：例如EC在芝加哥商品交易所（CME）上代表欧元兑美元。每个货币代码后面有一个字母，代表合约的交割月份。为了更好地记住这些合约的代码，我们将学习“STROPPY WILL”，这是一种帮助我们记住每个数字所代表的交割月份的记忆法。

我们从字母表取出其中一段：F G H I J K L M N O P Q R S T U V W X Y Z，然后从这段字母表中剔除“Stroppy Will”里包含的字母：F G H J K M N Q U V X Z。

剩下的字母依次代表期货合同代码中的月份。

一月	F
二月	G
三月	H
四月	J
五月	K
六月	M
七月	N
八月	Q
九月	U
十月	V
十一月	X
十二月	Z

代码中最后一位是数字，代表合同的交割年份：例如7代表2007年

代码ECQ7代表交割期为2007年8月以欧元兑美元为交割对象的期货合同。

外汇期货合约例子:美元指数(Dollar Index)

一般情况下,在市场上直接投资现货外汇比投资期货更加有效。然而,美元指数是一种相当有投资价值的期货合约,值得我们仔细研究:美元指数(代码DX)是在纽约期货交易所交易的一种开放式期货合约,参照6种货币兑美元汇率变化的几何平均加权值来计算:

- 欧元 57.6%
- 日元 13.6%
- 英镑 11.9%
- 加元 9.1%
- 瑞典克朗 4.2%
- 瑞士法郎 3.6%

这种期货合同对外汇投资者的价值在于,美元指数反映了世界各国货币市场的综合表现。美元指数被调低,很有可能是因为指数中所包含的某个货币的汇率上升。投资者只需要浏览一下美元指数,就能大致得知世界各国外汇市场的表现。

C. 远期外汇交易(Forward / Outright)

远期交易的目的是为了帮助企业对冲某个特定时刻的汇率风险。例如,一个进口日本汽车的欧洲企业需要在未来某时刻用日元购买日本汽车,这个企业可以通过远期交易来商定6个月以后相关金额的日元汇率。

远期交易可以通过商定未来某时刻的交割价格来降低外汇风险。以下是帮助我们理解远期交割价格的两种方法。一种方法是将远期交割价格认为是未来某时刻的货币现货价格,另一种方法是将远期交割价格认为是两种货币的利息差，这种方法也是远期合同的定价方式：

远期价格 = 现货价格 +(或 -)两种货币的利率差。

远期交易实际上是结合了现货交易和双向现金流动(借 / 贷)的过程。因此远期交割价格在合同订立的时候就被确定下来：

①我们借入美元 3 个月

②我们卖出美元并买入欧元

③我们存入欧元，3 个月利率为 4%(2007 年 4 月 26 日欧洲中央银行利率)

我们将数字代入公式：

直接远期价格 = 现价 ×（1+ 买入的货币利率 × 天数 / 一年天数)/（1+ 借入的货币利率 × 天数 / 一年天数）

一年天数取决于我们交易的货币，具体为 360 天或 365 天。

和我们想象的不同的是，外汇远期价格和外汇期货价格的特点不同。

D.外汇掉期交易（Swaps）

我们可以用以下方式计算外汇掉期：

外汇掉期 = 远期 - 现货

外汇掉期价格以点差表示，点差数额代表远期价格与现货价格的差价。外汇现价的波动对外汇掉期价格影响非常小。

外汇掉期价格仅仅取决于两个货币利率差的波动。

因此，投资者常常使用外汇掉期来对两种货币利率差的短期波动进行投机。

E. 无本金交割远期外汇（NDFs）

无本金交割合约(Non Deliverable Forwards, NDFs)是一种无实物交付远期合约。我们能通过无本金交割合约来对冲某个时期某种流通货币兑某种非流通货币(例如阿根廷比索或台币)汇率的风险。

银行和投资者交易无本金交割合约时会商定好以下内容:

面值:合同所产生的利润或亏损是根据面值来计算实际汇率与协定汇率的差值。面值可以以流通货币或非流通货币标示。

协定汇率:协定汇率是流通货币与非流通货币之间的远期。

估价日:估价日通常在结算日两个工作日之前。

交割日或结算日。

在结算日,银行和客户会对比结算日的实际汇率和之前已经确定的协定汇率。估价时,我们通常会以路透社提供的数据为准。当实际汇率和协定汇率存在差额时,客户和银行之间将会用可流通货币现金结算。

NDF 主要用于交易外汇现货市场上的非流通货币。NDF 也是以非流通货币为对象的唯一投机方式。例如,其中一种交易主要对象是人民币。NDF 的价格代表了投资者对人民币的升值(或贬值)预期。因此 NDF 价格与两种货币的利率差并不关联。

NDF 的合约期有对应的标准，然而每个 NDF 都可以根据情况确定不同的估价日。例如人民币 NDF 估价可以根据以下方法协定:

- **估价日在结算日两天之前。**
- **以 Reuters SAEC 的报价为准。**
- **估价时刻: 北京时间下午 4 点。**

越南盾的估价方式则参照三家本地银行报价的平均值,估价时刻为交割日为河内当地时间下午 3 点。

NDF 合同有几个无可取代的优点：我们能通过 NDF 交易来对冲非流通货币的汇率风险,而且在交易结算前,不需要支付任何交易费用。

然而，当现货市场走势向好的时候,NDF 的投资价值便大大降低。另外，NDF 在交割日并没有货币实物交付。

4. 外汇期权交易

学习外汇期权的交易特点、运作原理和基本交易方式，能帮助我们对冲外汇风险和达到分散投资的目的。在这一章节中我们将介绍这种投资者经常用到的投资工具，并学习外汇期权的交易策略和相关的使用技巧。外汇期权的使用并不容易，因此，在使用之前，我们建议投资者要先在现货市场上积累足够的投资经验。

A.期权的定义

无论是在外汇市场或是其他金融市场，期权是一种合同，给予合同持有人在特定的日期或在特定的期限内，以特定的价格买入（或卖出）特定数量的金融产品（在外汇市场上则是买入某种货币）的权利。

这里我们要特地强调，期权是一个选择权，而不是一种义务。只有期权的持有人才拥有这个选择权。

期权在金融市场中的历史相当长，然而，期权的定价方式只是最近才在外汇市场中被发现。我们在本章节中只讨论外汇期权。

期权合同和其他合同一样会规定以下几个内容：

外汇标的物（欧元兑美元，英镑兑日元等等）

交易金额

交易类型：买／卖

期权类型:

● **认购期权(call)给予持有人权利在特定时刻以特定价格买入特定数量的特定标的物。**

● **认沽期权(put)给予持有人权利在特定时刻以特定价格卖出特定数量的特定标的物。**

执行价(strike)

合同生效日和有效期:有效期的最后一日为执行日、到期日或期满日。

期权价格(prime)

市场上主要存在3种期权类型:美式期权、欧式期权和亚洲式期权。注意!这些期权类型和相应的地理位置没有任何联系。美式期权的持有人能在期权有效期内的任何时候行权,而欧式期权的持有人只能在期权到期日行权。亚洲式期权与其他类型期权的主要区别并不是在于期权的行权日期(可以和美式相同也可以和欧式相同),而是价格的计算方法。美式和欧式期权的执行价是固定的,而亚洲式期权的执行价是有效期内的外汇汇率平均数。大部分外汇经纪主要向客户提供欧式期权交易服务,因为欧式期权比较便于管理。

出于不同交易目的,我们可以买入或卖出期权。

表4-11:期权交易基本模式

交易类型	认购期权(call)	认沽期权(put)
买入期权	买入的权利	卖出的权利
卖出期权	卖出的义务	买入的义务

在期权的帮助下,投资者能制定更多的交易策略和更清楚地认知交易所带来的风险。假如我们认为欧元兑美元将在未来某段时期内升值,并希望为这笔

交易设定一个亏损上限，这时候我们就能买入认购期权，这样我们所要承担的风险只有认购期权的价格。

另外，假如我们认为欧元在未来将不会贬值，我们也可以卖出认沽期权，并获得期权费(prime)。然而这笔交易的风险理论上是没有上限的。

B.期权价格：期权费

期权的价值

期权费包括以下两个因素：

"内在价值"

期权的内在价值是指期权持有人立即行权，可以获得的利润现值。根据期权内在价值的大小我们将其分为三种类型：

● 内在价值为正值，此时的期权被称为"价内期权"(in the money)。对于认购期权来说，这种价内期权的执行价低于现货价。因此执行日认购期权的持有人能以比现货更低的价格买入标的物。

● 内在价值为"负值"(实际上内在价值不可能低于零)时，我们可以认为内在价值为 0，此时的期权被称为"价外期权"(out of money)，对于认购期权来说，这种价外期权的执行价高于现货价。因为要以比现货价更高的价格买入，期权持有人在这种情况下并不会行权。

● 内在价值为 0，此时的期权被称为"平价期权"(at the money)。在这种情况下，外汇现货等于期权执行价。

"时间价值"

期权的时间价值源于投资者对汇率波动的预期。代表了期权价值超过其内在价值的那部分价值，是用来支付给期权卖出者承担风险的报酬。期权越接近执行日，在剩余时间内的出现波动可能性降低，期权变成价外期权的风险也越低，因此时间价值逐步下降。时间价值取决于几个因素：标的货币对汇率，期权剩余有效期限，认购外汇的无风险利率和认沽外汇的无风险利率。

影响期权价值的因素

我们在这节内容中将学习各种决定期权价格的因素：

- **标的物的现货价格**
- **有效期**
- **汇率波动性**
- **执行价**
- **各种货币的利率**

在单独研究上述各种影响期权价格的要素时，我们假定其余条件是不变的。

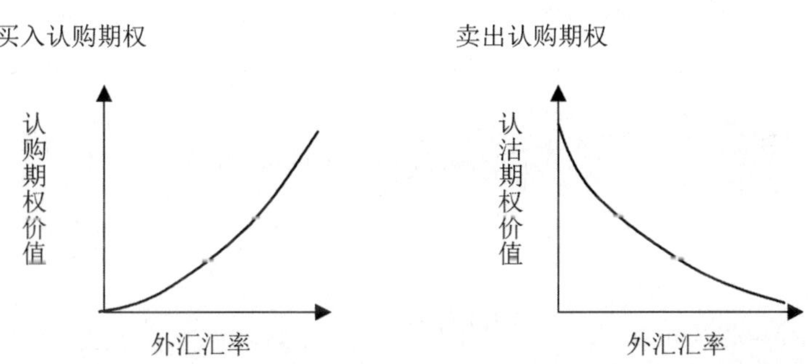

图 4-17：买入认购期权　　图 4-18：买入认沽期权

认购期权的价值随着标的汇率的上升而上升。相反，认沽期权的价值随着标的汇率的上升而下降。

有效期 / 期权剩余时间

期权越接近执行日，期权持有人所承担的汇率波动风险就越低，期权溢价的时间价值也就越低。以下是一个例子：假设今天是 3 月 7 日，欧元兑美元现货价为 1.3150，我们卖出认购期权，执行价为 1.3400，执行日为 3 月 30 日。我们能收到的期权费会非常少，因为欧元兑美元汇率在短短的几十天的剩余期限内，几乎不可能升破 1.3400。

期权的时间价值并不是随着时间呈线性等比例下降，而是在剩余期限的最后三分之一时间内会急速下降。有效期为一年的期权，在前 8 个月的剩余期限内的时间价值仅仅下降 40%，剩余 60%的时间价值会在最后的的 4 个月时间内流失。

因此，离执行日越远的期权价格就越高，而投资者卖出的期权期限越长，所承担的风险就越高，投资者买入的期权期限越长，获利机会就越大，因此期限长的期权价格比期限短的期权价格更高。这个规律对于认购和认沽期权都同样有效。

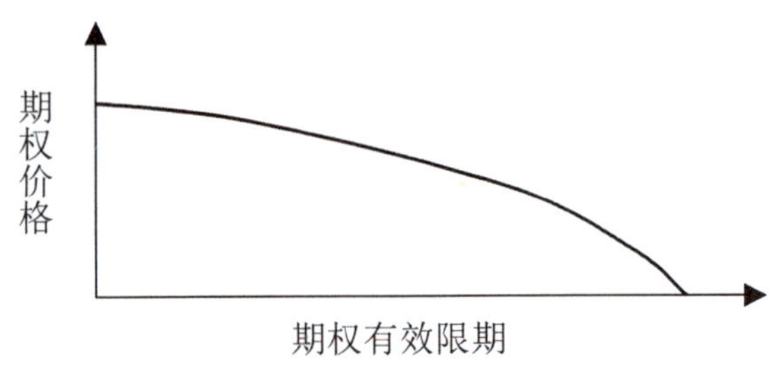

图 4 -19：期限对期权价格的影响

波动性的定义与计算方法

波动性是汇市投资者经常使用的参数，有时甚至在期权定价时会被用来代替期权的价值。波动性是指在某一特定时段内汇率偏离日平均值的倾向程度。波动性的变化与期权价格的变化类似（波动性越大，期权溢价越大，反之则越小)。因此,波动性是期权价格的决定性因素。

我们可以这样理解:汇率的波动性越大,汇率达到极限价格的可能性就越大。因此,汇率的波动性越大,期权的价格就越高。

波动性有三种类型:

历史波动性: 历史波动性是通过研究过往汇率走势来推测未来的波动性。我们可以通过统计工具计算历史波动性(计算某段时期内汇率波动幅度的标准差,通常选取一年的数据来统计,详看附录“各种数据的计算方法”)。

内在波动性:简单地说,内在波动性是指市场根据某时刻的期权和外汇价格预期未来的波动幅度。

预期波动性:预期波动性是未来汇率波动性的指标。然而,直到目前为止我们还没找到预期波动性的理想计算方法。因此我们在实际交易中,只能以历史和内在波动性作为参考。

我们将用历史波动性和内在波动性来分析期权价格。虽然这两种波动性之间并没有实质关联,但我们可以在以下方法中通过比较这两组数据来判断期权价格是否被高估 / 低估:汇率的历史波动性与期权的理论价值是相关的,当市场上的现价高于(或低于)这个理论价值时,我们可以判断该期权被高估(或低估),或认为该期权的定价过高(或过低)。

在汇市中的术语“波动性卖出”,是指交易员卖出定价过高的期权,此时的内在波动性高于历史波动性。

在外汇市场上,波动性最大的货币是外来货币,其次是新型货币。主要货币的流通性高、波动性小。因此,大部分的期权交易都是以主要货币为标的物进行。

执行价的影响

期权的执行价(strike)是指期权的持有人有权在行权日以执行价买入 / 卖出特定的标的物。

对于认购期权,当执行价高于汇率现货价时,期权的价格会下降。无论执行价比汇率现货价高出多少，市场随时都有可能出现巨幅波动，从而使未来汇率超越执行价，因此免费的期权是不存在的。

货币对中两种货币的利率对期权价格的影响

在利率高企时期，投资者倾向于通过购买认购期权而不是直接购买货币，这样他们就可以将剩余资金存放别处，并从中获得利息收益。比起外汇现货交易，购买期权能使投资者通过调动较少的资金获得较大的利润（因为在买入认购期权时只需支付期权费），并利用剩余的资金去投资其他收益性的金融产品。

因此标的汇率的两种货币之间的利息差会影响期权的定价，因为期权的价格与期权执行日的远期价格有一定的相关关系。

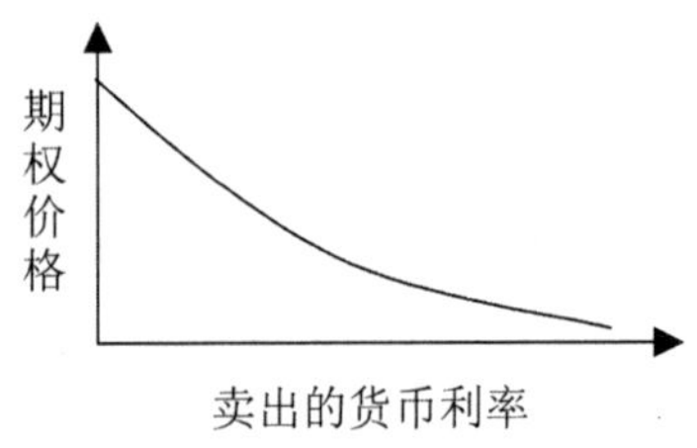

图 4 -20：标的货币之间的利率关系对期权价格的影响（认购期权）

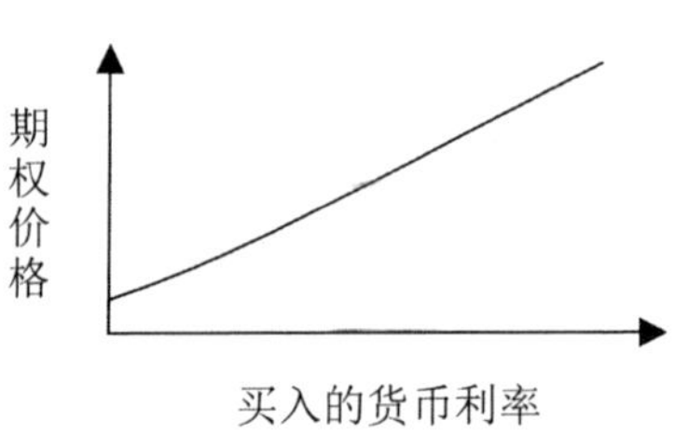

图 4 -21：标的货币之间的利率关系对期权价格的影响（认沽期权）

小结

表 4 -12：各种要素对期权定价的影响

该要素上升时对期权价格的影响 （+）	认购期权	认沽期权
汇率	+	-
有效期	+	+
波动性	+	+
执行价	-	+
标的汇率对中第一种货币的无风险利率	+	-
标的汇率对中第二种货币的无风险利率	-	+

期权定价模型

在实际交易中，所有期权定价要素可能会同时变动，因此我们需要能综合所有要素来计算期权价格的定价模型。由于篇幅关系，我们不能一一学习这些定价模型。我们在这一章节中学习其中一种最流行的期权定价模型——Black-Scholes(1973)。

C.期权交易策略

掌握期权基本知识之后，我们可以别定一系列交易策略来优化我们的投资组合和增加我们的投资收益。为了理解这些交易策略，最简单的方法就是对比各种期权价格和汇率现货价格的走势。

期权基本交易策略

我们回看表 4 -11：

交易类型		认购期权（call）	认沽期权（put）
买入期权		买入的权利	卖出的权利
卖出期权		卖出的义务	买入的义务

买入欧元兑美元认购期权

买入认购期权代表投资者预期汇率在未来会上升。这种交易的损失被限定在期权价格之内（期权价格为最大损失），因此买入认购期权是预期汇率上涨的交易策略，投资收益会随着汇率的上涨而增加。

只有当期权的执行价与现货的差价超过认购期权的价格时，我们才能获得利润。当这个差价等于认购期权价格时，这笔交易达到盈亏平衡，我们把这个现货价成为盈亏平衡点（Breakeven）或盈亏平衡价。换句话说，盈亏平衡价 = 执行价+期权价格。

一般来说，期权投资者往往会选择在到期日之前卖出所持期权而不是在到期日行权。这样投资者可以通过卖出期权来赚取一部分的"时间价值"。

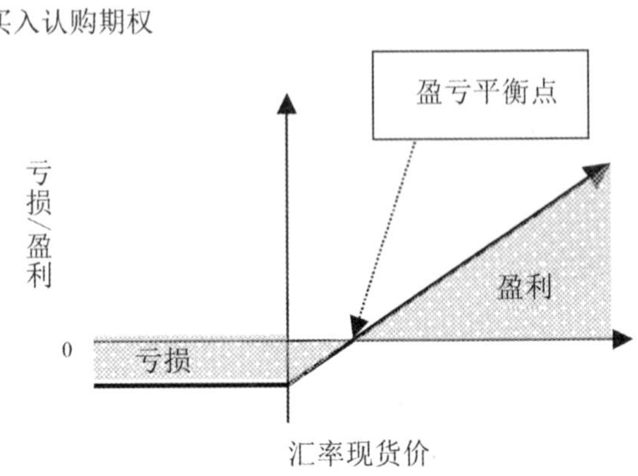

图 4－22：买入欧元兑美元认购期权

卖出欧元兑美元认购期权

卖出认购期权代表投资者预期汇率在未来会下跌或持平。期权的卖出者希望以比现货价更高的价格卖出标的物，并在期权持有人决定行权时承担现货交付义务。期权卖出者的盈利与期权买入者的盈利是反向变动的，即其中一方赚取的利润是另一方的亏损。现货价在盈亏平衡价之下时，期权卖出者将获得上限为期权价格的盈利。期权卖出者可能的亏损在理论上是无限大的。

因此卖出期权是一种风险相对较大的交易行为。如果投资者持有足够数量的相关标的货币（保护性卖权），可以降低出售期权的风险，然而只有机构投资者才有能力使用这种交易策略，因为保护性卖权需要大量的资金来保证达到行权要求。

卖出认购期权

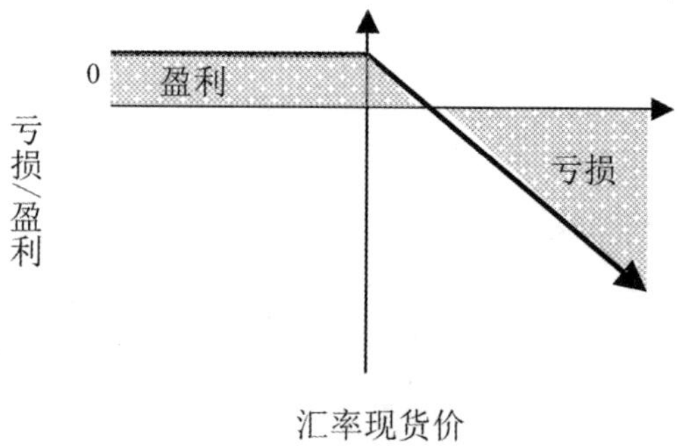

图 4 -23:卖出欧元兑美元认购期权

买入欧元兑美元认沽期权

买入认沽期权是最普遍和风险最低的交易策略。买入认沽期权是指投资者预期汇率下跌,亏损 / 盈利变化与买入认购期权对称。买入认沽期权的最大可能亏损幅度为期权价格,而理论上可能的盈利是无限大。

当投资者预期汇率会急速大幅下跌时可以通过买入认沽期权获利。当汇率上升时,投资者仅仅亏损买入期权的金额。

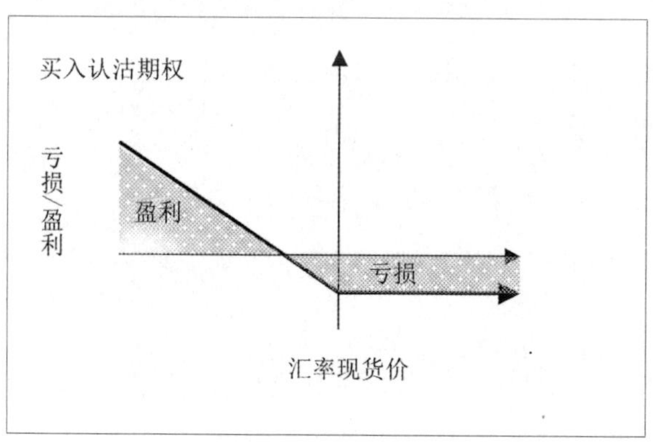

图 4 -24:买入欧元兑美元认沽期权

卖出欧元兑美元认沽期权

卖出认沽期权的投资者预期汇率会上升或持平。当汇率下跌时，期权持有人会行权，而期权卖出者必须履行义务以比现货价更高的价格买入。当预期汇率会大幅上升时，我们应该买入认购期权，因为认购期权可能的最大亏损为期权价格。认沽期权卖出者能赚取期权价格，然而要面临行权风险。当汇率下跌幅度过大时，卖出者将亏损执行价与现货价的差价，当汇率上升时，期权持有人将不会行权，因此卖出者只能赚取最高为认沽期权的价格的利润。

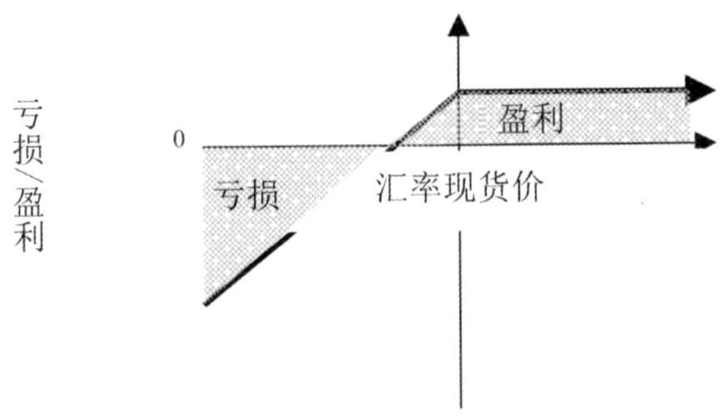

图 4-25:卖出欧元兑美元认沽期权

我们能通过下表总结上述各种期权交易策略：

表 4-13:基本期权交易策略

	买入认购期权	卖出认购期权	买入认沽期权	卖出认沽期权
策略预期	看涨	看跌	看跌	看涨
收益期望	无限大	上限为期权价格	无限大	上限为期权价格
可能亏损幅度	上限为期权价格	无限大	上限为期权价格	无限大

期权组合交易策略

通过各种基本期权交易策略的组合，投资者能大幅降低投资组合的风险。本章节将介绍几个期权组合交易策略,我们能通过使用这些策略更好地对冲期权风险。

差价策略

垂直差价(vertical spread)

垂直差价交易策略是指投资者同时买入和卖出相同类型、相同到期日和不同执行价的期权。以下是四种垂直差价交易策略(A、B 为期权执行价):

看涨买权垂直差价:买入认购期权 A+ 卖出认购期权 B,其中 A<B,

看涨卖权垂直差价:买入认沽期权 A+ 卖出认沽期权 B,其中 A<B,

看跌买权垂直差价:卖出认购期权 A+ 买入认购期权 B,其中 A>B,

看跌卖权垂直差价:卖出认沽期权 A+ 买入认沽期权 B,其中 A>B。

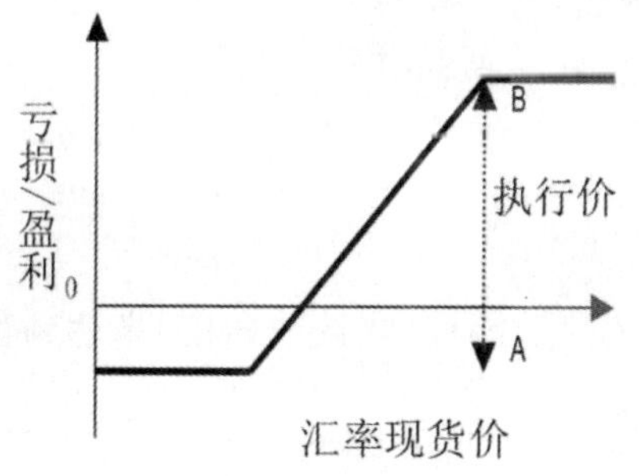

因为盈利和亏损都有各自上限,

这种交易策略能降低交易风险。

以看涨买权垂直差价策略为例,

这种交易策略的最大亏损幅度

为认购期权价格和认沽期权。

图 4 - 26:看涨买权垂直差价

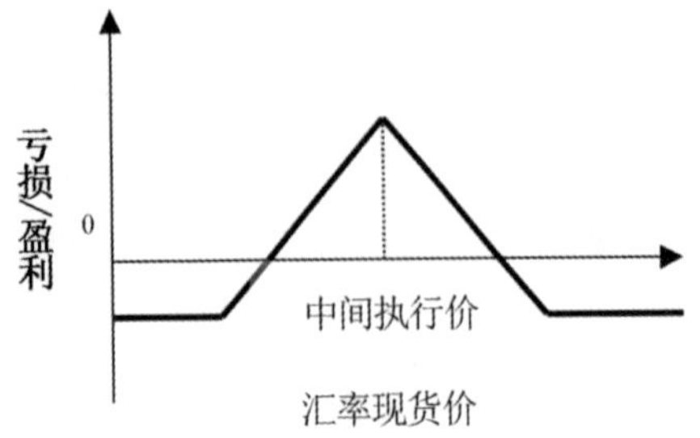

蝴蝶差价是两种垂直差价的组合：卖出（或买入）两单位相同的认沽期权同时买入（或卖出）两个不同执行价格的认购期权，认沽期权的执行价在两个认购期权的执行价之间。

图 4 － 27：蝴蝶型认沽期权组合

要同时选择一系列具备合适的执行价的期权是这种交易策略的困难所在。这种交易策略在汇率现货价等于或接近中间执行价时能产生利润。

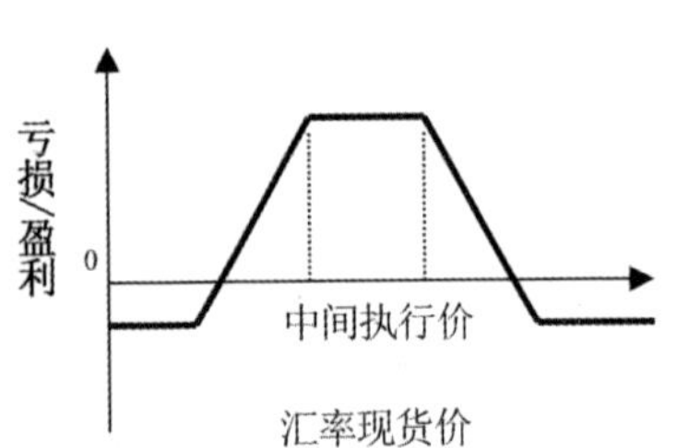

秃鹰期权组合（Condor）与蝴蝶权组合类似，不同之处在于秃鹰期权组合的中间执行价是一个价格范围。这种策略需要我们同时选取4种合适的期权。秃鹰期权组合回报率比蝴蝶期权组合。

图 4 － 28：秃鹰型认沽期权组合

比率套利(方差比)

比率套利策略是指买卖不同数量的认购期权(或认沽期权)来达到套利目的的组合策略。以下是四种比率套利策：

认沽比率套利：买入 X 数量的认沽期权，执行价 A，

反向认沽比率套利与认沽比率套利原理相同但操作方向完全相反。

认购比率套利(详见下图)：买入 X 数量的认购期权，执行价 A，卖出 Y 数量的认购期权，执行价 B，其中 Y>X，B>A，

反向认购比率套利与认购比率套利原理相同但操作方向完全相反。

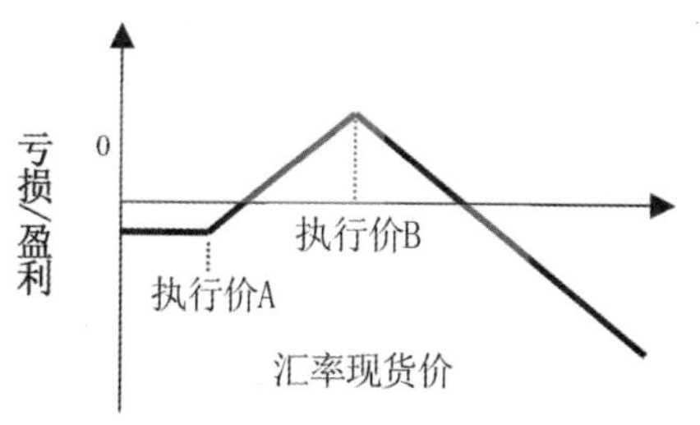

比率套利期权组合适合于汇率小幅上升预期使用，对汇率大幅预期不适用。

图 4 -29:比率套利期权组合

投资者能通过比率套利期权组合对冲汇率下跌的风险,比率套利也是期权交易策略中最复杂的一种交易组合。

期权组合

期权组合是一种用于对冲由波动性变化所产生风险的交易策略。我们通过买卖期权来“买入”或“卖出”波动性(这就是人们常说的“波动性市场”)。

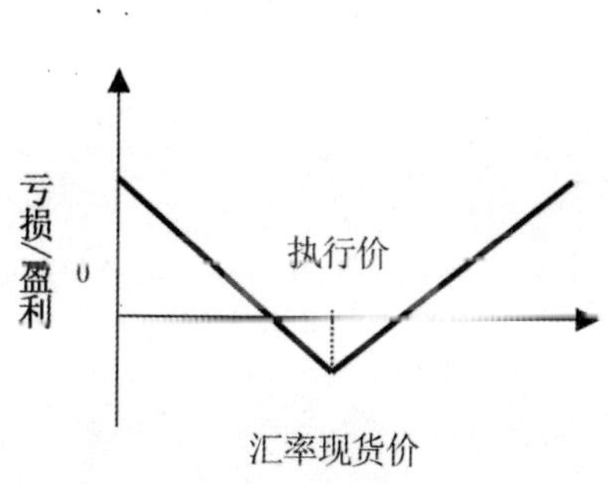

跨式交易是一种对执行价和到期日一致的认购期权和认沽期权的组合策略。使用这种策略的投资者所承担的最大可能亏损为两个期权的价格。跨式交易能对冲外汇大幅波动的风险（内在波动率增加）。跨式交易的交易对手预期未来汇率会在执行价附近稳定发展（内在波动性下降）。

图 4 -30:跨式交易(straddle)

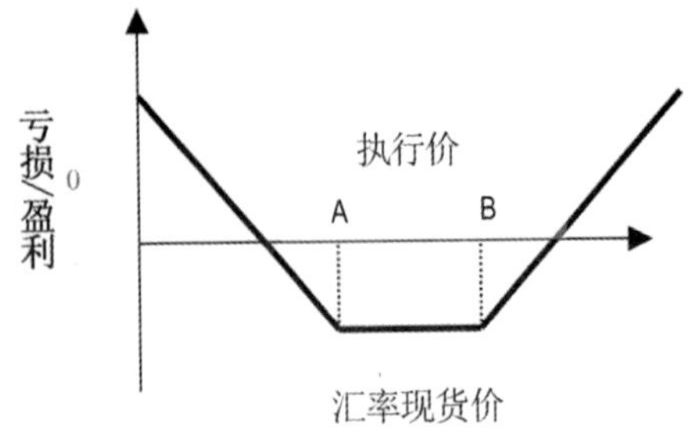

勒式交易与跨式交易类似，不同的是勒式交易的执行价是一个价格范围（类似于蝴蝶权组合与秃鹰期权组合）。因此勒式交易涉及的认购和认沽期权的执行价不同。

图 4 –31：勒式交易（strangle）

外汇投资者能通过这种交易策略降低投资成本和更好地进行交易管理。勒式交易买入操作有以下步骤：

买入认沽期权，执行价为 A；

买入认购期权，执行价为 B，其中 A<B。

勒式交易的交易对手所要承担的风险在理论上是无穷大的。然而勒式交易比起跨式交易有更多的获利可能。对应的勒式交易卖出操作有以下步骤：

卖出认沽期权，执行价为 A；

卖出认购期权，执行价为 B，其中 A<B。

D. 变量分析（Delta）

专业投资者研究出许多期权价格敏感度指标，这些指标能帮助我们衡量期权价格各种决定要素的重要性。通过对这些指标的研究，我们能更好地分析期权投资组合的风险和盈利可能。

这些敏感性指标以希腊字母命名：Delta，Gamma，Theta，Vega 和 Rho。我们在这章节中只学习最基本的敏感度指标——Delta。

Delta 的基本知识

在期权交易中，Delta 是最普遍以及最常被投资者使用的敏感度指标。Delta 和 Black Scholes 模型有密切的关系，读者可以在附录中找到这个模型的具体内容。

Delta 通过来衡量期权价格对于标的物幅动的敏感程度。Delta 在数学意义上等于期权价格对标的物价格的导数(详见附录计算部分)，其数值在一定范围内波动：

- 认购期权的 Delta 在 0 到 1 之间
- 认沽期权的 Delta 在 –1 到 0 之间

例如，当Delta 为 0.5(或 50%)时，意味着当标的物价格上涨 1 时期权的价格上涨 0.5。

Delta 函数受到包括汇率现价，期权剩余时间和波动性的影响，因此 Delta 值需要经常更新。

从某些方面来看，期权是一种比较难以掌握的金融工具。然而购买期权的投资者能即时具体量化交易风险，并确保亏损不超过期权费。同样道理，投资者能制定一系列交易策略卖出期权并立即赚取期权费。最重要的一点是，期权能帮助我们根据预期制定交易策略，达到放大利润控制风险的目的。

总结

相信您之所以选择这本书是因为您对外汇市场和这个市场所提供的机遇有着浓厚的兴趣，读完本书后，您已经成为个人投资者中为数不多对外汇市场运行机制有所了解中的一员，而广大的投资者可能对这个市场还不熟悉。理所当然地，您会期望通过外汇交易获得投资收益。然而，虽然市场上到处都是机会，我们还是建议您保持谨慎的态度。即使是精明的投资者，也会在外汇市场上亏损。Bill Lipschutz 在受《The New Market Wizard》一书作者 Jack Schawger 采访时指出,如果只是向客户提供报价服务,大部分的银行业市场交易员可能挣得更多。这些交易员的一部分操作属于“自营交易”(proprietary trading),而大部分的自营交易都是亏损的。这种观察结果对于个体投机者来说当然不是什么好消息,如果我们把他们的交易方式也看作是自营交易的一种。作为交易员和外汇经纪,我可以为 Jack Schawager 的观察结果作证言。然而自营交易的亏损,除了外汇市场的特点之外,很大程度上是因为投行交易员违背基本交易原则和忽视资金管理。

作为全球最大的金融市场,外汇市场充满了投资机会,可能的获利幅度是无限大的。在介绍了外汇市场的基本运作原理后,我希望通过本书的最后部分介绍几条实用的外汇交易中的“金科玉律”:

1)单笔交易的金额不要超过总资金的 10%。

2)为每笔交易设定止损。

3)在目标价格达到之前不要离场。

4)不能过度交易(overtrading),即当没有机会时要停止交易。

5)要避免赚小钱,亏大钱。

6)犹豫或判断错误时要坚决离场。

7)每次平仓都要有充分依据:平仓是开仓的逆过程,因此开仓平仓都要考虑清楚。

8)不要将获得的利润全部投入交易。

9)在亏损时不能补仓。

10)时刻记住:顺势而为(The trend is your friend,趋势是你的朋友)。

最后提到一点:长期持续获得收益远比在短期内获得收益更难。我们在外汇市场上短短的一两个月时间的盈利情况,往往很难在长达一年的时间内复制和持续。交易期内持续获利是相当困难的,能否长期持续盈利,是判断投资者成功与否的重要标准。

千万不能相信“外汇能使你快速致富”这种说法。所有人都能在外汇市场中找到投资机会，然而只有刻苦学习，潜心钻研的少数投资者，才能最终站上成功的顶峰。

第五章

附录

附录 1
次贷危机对外汇市场的可预见影响

2008 年信用泡沫的破灭给所有的金融资产都带来前所未有的冲击。当全球金融市场从 2008 年第一季度后期出现巨大的波动并随后在同年 9、10 月崩溃时,货币成为首当其冲的受害者。。以下是 2008 年期间几个遭到市场恐慌性抛售的货币对:

• 2008 年年初英镑兑美元汇率水平接近 2.0000。2008 年秋末汇率跌至 1.5000 水平，累计跌幅超过 25%。12 月初，欧元兑英镑汇率年累计升幅超过 20%。

• 欧元兑瑞士法郎汇率在 2007 年 10 月升至 10 年最高点 1.6800，同时期证券市场达到历史最高点。随后欧元兑瑞士法郎汇率开始下跌,2008 年 10 月跌至历史最低点。

• 澳元兑日圆(日圆为 G7 成员国货币之一)以其高利息差而成为主要套息

交易对象,2008 年夏天汇率 20 天平均移动线波动幅度从 100 点(现货价 1%)升至 10 月的 500 点。波动性在此期间上升了 500%。

- 南非兰德兑美元汇率在经历 7 年相对平稳期后贬值 40%。而冰岛克朗则完全失去市场流动性而成为非流通货币。

那么,我们应该如何预期各种主要货币未来几年的走势?2009 年前期的汇率走势应该与 2008 年年底相似:风险资产拆仓潮仍然会利好美元和日圆。而受经济周期明显影响的货币(如澳元和加元)仍然会走低。

然而在 2008 年年底,由于美联储宣布将全力抵制通缩,因此将需要发行更多的货币。这种积极的货币策略受到投资者和市场预期的普遍关注。英格兰银行和日本银行似乎也要对这种货币政策跟进,只有欧洲央行带头反对这种做法,批评美联储这种做法会带来通胀风险,其下调利率的行动可能会减速甚至停止。由于洲际货币政策之间的分歧,2009 年期间欧元兑美元汇率波动幅度变得更大。

美元:衰落前的最后辉煌?

2008 年初,投资者担忧美国在次债危机和全球信用泡沫爆破之后的经济恢复能力,对美元开始失去信心,使得美元汇率下跌。美联储采取激进的货币政策,大幅调低利率,使得市场普遍出现对通货膨胀的担忧。投资者出于担忧在 2008 年上半年大幅沽空美元。然而随着次债危机的影响在全球蔓延,风险资产拆仓潮的出现使得美元汇率重回高位,美元指数更大幅攀升 20%。

美元兑其他新型货币汇率在这次拆仓潮中上升最快。新型货币持有人、美元空头、美股空头、新兴证券市场的多头纷纷将持有的资产兑换成美元,连美国国内的证券投资者、海外证券市场的投资者也出于对金融危机的恐惧卖出金融资产,购入美元。2009 年,美元汇率随着伯南克对抗通货紧缩货币政策的宣布进入调整期。2009 年的美元走势可能有两种情况。一种是高风险资产拆仓潮卷土重来,使得美元汇率进一步攀升。但从更长远来看,美联储的极端扩张政策也是美国政府期望美元贬值的强烈信号。这种扩张政策旨在避免债务通缩。伯南克的政策最终可能会导致美元的贬值，我们将在中长期内看到欧元兑美元汇率的再度上升。

欧元：烫手的山芋还是价值的保证？

在2008年最后的几个星期，由于欧洲央行公开声明不采取和美联储和英格兰银行一致的货币贬值政策，使得欧元兑G7成员国货币大幅升值。虽然推行通缩政策的倾向和对可能因货币贬值而引起通胀风险的忧虑令人敬佩，也令欧元加速升值，然而这个升势却可能无法在2009年持续下去。欧洲央行强硬的货币政策可能使欧元区经济无法顺利“着陆”，加上欧洲央行和欧元区成员国反对增印货币，全球经济可能会遭遇最坏的通缩。欧洲央行在面对当前局势的压力以及欧盟各国国内争议时很有可能将利率下调至接近0水平。

欧元升幅在2009年可能超越想象，我们很可能看到某些欧盟国家，如意大利或希腊，因为受强欧元的拖累而威胁退出欧元区。2008年12月中，希腊、意大利等欧元区国家10年国债利率大大高出德国国债利率130个基点。这些国家的退出会威胁到欧盟的完整性，而各国也会根据情况降低欧元在外汇储备中的比重，给欧元带来灾难性的打击。欧元区国家在泡沫阶段曾大举外债，这些国家的还债能力也是我们对欧洲经济共同体前景的担忧的重要原因之一。

日圆：日本抵制日圆升值，日圆前路满布荆棘？

以日圆为对象的套息交易潮终于在2008年告一段落。日圆汇率在长期被超卖后迅速调整，但调整幅度与其实际价值相符。2009年我们将会看到日圆继续调整，日圆可能会在最近几个月里大幅升值，这种情况将会引起日本的担忧。因为日圆升值幅度越大，日本出口型经济受到的冲击就越大。在多次公开向G7成员国要求的同时，日本银行已经开始介入外汇市场，试图控制日圆的升幅。因此虽然在2009年上半年看好日圆，但日圆推荐做多日圆。由于日本经济恢复缓慢,套息交易在2009年仍然不会活跃。在许多国家的主权债务危机逐渐显现的情况下,日本国民储蓄依然充足,超过美国国内生产总值。因此卖空日圆的做法也不尽明智。

英镑:英镑汇率跌幅接近尾声?

信用危机期间,英国经济收到的冲击远超欧盟,英镑汇率在2008年12月中跌至历史低位。出现这种情况的原因是。第一,英国金融服务业是英国最主要的出口部门,也是受金融危机打击最严重的行业。第二,英国银行的外债巨大,是英国国民生产总值的数倍。第三,英镑此前升幅过大,而英格兰银行采取激进货币政策,调低利率,以英镑为对象的套息交易收益率大幅下降,以致出现拆仓潮。最后,英国的房地产泡沫现象可能比美国更严重,导致英国房屋买家成为全球负债最高的消费者。英镑在经历大幅下挫后,已经消化了大部分利空消息,英镑在2009年很可能会出现向上调整,至少相对其他欧洲货币而言,这是对英镑最大的利好消息。即使英格兰银行乐于看到本国货币贬值,英镑兑欧洲货币汇率仍会在未来上升。

瑞士法郎:避险货币地位将受考验?

瑞士法兰汇率在2008年也受到信用危机的强烈冲击。起初,瑞士法郎汇率因为市场投机交易旺盛曾一度攀升,这也与过去情况相同。但隐患在于长期以来瑞士法兰都是套息交易的主要对象, 而套息交易又总是受到拆仓潮的威胁。然而,在2008年瑞士法郎达到高点(尤其兑欧元)后,因为投资者忧虑金融业发展前景,兑欧元汇率开始下挫,兑其他货币汇率也跟随下跌。投资者借入瑞士法郎,买入海外资产,尤其是中欧和东欧的房地产投资情况非常普遍。瑞士的投行和投资者自有的海外投资甚至超过了瑞士生产总值的几倍,加上德国和美国政府对瑞士这个避税天堂的限制使得瑞士失去了原先对海外资金的吸引力,因此2009年瑞士法郎的走势将继续受到投资者的广泛关注。

澳元:继续受压?

澳元受到原材料价格上涨和新兴货币的双重利好影响下一直走强，直到2008年夏季中期升至历史高点。澳元汇率随后开始下跌,并在套息交易拆仓潮影响下加速跌势。市场对澳元的未来走势相当悲观,全球经济恢复缓慢,投资者信心不足可能是2009年的总体写照。2009年澳大利亚在拯救经济的道路上仍然困难重重。中国是澳洲矿石和煤炭主要入口国,因此澳元汇率与中国经济增长紧密联系,一旦中国经济发展放缓,澳元汇率会受之拖累。中国发展前景目前扑朔迷离，中国经济能否率先走出金融危机困局将很大程度上决定澳元汇率走势。

加币:2010年前辉煌不再?

经济危机初期，加元贬值速度比起其他出口导向型国家货币贬值速度要慢,然而随着石油价格的急挫,美元兑加元汇率在一个月的时间内升穿1.3000。加拿大经济和美国经济之间的关系一直十分紧密。虽然加币在全球金融危机开始蔓延时的初期几个月内仍然能够保持强劲的走势,但我们预计,由于原材料价格走势疲软以及环球经济复苏缓慢,会使得2009年加元继续低走。美国汽车制造业面对的困境也给加拿大重要的汽车零件出口带来困难。我们预期加拿大来年的经济数据会持续向下。不过加拿大仍有望恢复经济:加拿大在近年来成为税务天堂,与其他主要经济体相比,有望率先走出金融危机的阴影。

新西兰元:跌势仍将持续?

新西兰元是2008年G10成员国中遭受打击最严重的货币，目前汇率处于合理水平。受信用/房地产泡沫的影响,新西兰经济比大部分国家经济更早进入衰退。央行目前大幅调低利率来防止经济发展放缓和控制本国资产贬值现象。然而新西兰政府还有相当多的问题要处理,其中一个就是庞大赤字,需要通过大举外债来解决。此外,农业产品的价格下跌也导致新西兰出口收入的减少。但值得庆幸是,通过政府努力,目前新西兰收支平衡,一旦经济出现起色,新西兰元将会再次成为外汇投资者的焦点。

挪威克朗、瑞典克朗:未来的投资机会?

北欧货币在 2008 年也受到冲击,然而这种冲击使它们显现了更多的投资价值:对于挪威克朗来说,汇率是与石油价格正相关,2008 年的石油价格下跌使得挪威克朗汇率走低。除石油价格因素外,挪威利率自 2008 年年中一度升至 5.75%的高位,使得以挪威克朗为对象的套息交易变得旺盛。然而,在原材料价格下跌、低流通性、房地产泡沫爆破以及利率差下降的多重影响下,欧元兑挪威克朗汇率在今年升至历史高位。2009 年的挪威克朗可能会被市场看好,欧元兑挪威克朗汇率将很可能经历大幅调整。

因为出口大幅下降,银行业在东欧和波罗的海地区的投资损失惨重,瑞典克朗汇率在 2008 年急速贬值。风险资产拆仓潮和经济低迷持续影响着瑞典克朗汇率走势。虽然 2009 年年初瑞典克朗兑欧元汇率依然低迷,但瑞典国际贸易一直处于出超状态,政府的财政收支录得盈余。我们认为,瑞典在欧元区国家中将率先走出经济衰退。另外,当欧元兑瑞典克朗突破 11.00 时,瑞典财政局有效地干预汇率,显示出瑞典政府重振经济的决心。

附录 2
自测题

每个问题只有一个正确选项(答案在 231 页):

1. 在美元兑日圆货币对中,哪个货币是被直接标价?

A 美元

B 日圆

C 美元和日圆

D 两个都不是

2. 买卖价差(spread)是指:

A 每笔交易的亏损 / 盈利

B 买入价和卖出价的差价

C 每笔交易的固定费用

D 两组货币之间的利息差

3. 限价订单：

A 用于止损

B 用于止赢

C 是买入某标的物的协议

D 是卖出某标的物的协议

4. 以下四种货币哪一种不是主要货币？

A 欧元

B 瑞士法郎

C 澳元

D 新加坡元

5. 外汇市场的监管措施与证券市场相同：

A 正确

B 错误

6. 以下哪项指标是领先指标？

A MACD

B 平均移动线

C RSI

D ROC

7. 以下哪项经济指标对美元汇率影响最大？

A 美国制造业活动指数

B 国内生产总值

C 个人消费指数

D 新房动工量

8. 买入一对外汇的操作被叫做：

A 做多

B 做空

C 持平

D 轧平

9. 套息交易是指:

A 长期持仓的行为

B 系统性地买入或卖出

C 以外来货币为对象的交易

D 通过两种货币的利息差进行套利

10. 以下哪项不是期货交易的术语?

A 执行价

B 拨头皮

C 期权溢价

D 执行日

11. 外汇期货不存在。

A 正确

B 错误

12. 欧元兑美元汇率现报 1.30,移动平均值为 1.2980,说明:

A 投资者现时预期高于之前 n 个交易日平均预期,此时是买入时机

B 投资者现时预期高于之前 n 个交易日平均预期,此时是卖出时机

C 投资者现时预期低于之前 n 个交易日平均预期,此时是买入时机

D 投资者现时预期低于之前 n 个交易日平均预期,此时是卖出时机

附录 3
应用题(答案在后)

1.计算点值

- **我们买入 25 万欧元兑美元,此时一个点差价值多少?**
- **我们卖出 175,000 澳元兑日圆,此时一个点差价值多少?**

2.建仓

假设现时持有欧元兑美元,欧元兑美元汇率现报 1.3540,假如想在 1.3600 的价位卖出,应该怎么做?

3.设定止损

假设以 118.50 卖出 10 万美元兑日圆,如果能承受的最大亏损额为 1000 欧元,应该在什么价位设定止损?(假设欧元兑日圆汇率为 161.00)

4.技术分析

请在下图中找出支撑位、阻力位以及趋势。

5.套息交易

我们两日前卖出 10 万欧元兑美元，那么在这笔交易中的套息交易部分是亏损还是盈利？

（假设欧元利率为 3.75%，美元利率为 5.75%）

6.选择杠杆比例

假设我们账户上有 1 万欧元，我们决定买入欧元兑美元，汇率现报 1.3500。外汇经纪提供的最大杠杆比例为 100∶1。由于不想使用全部资金杠杆，我们决定将杠杆比例设定为 20∶1。

提示：外汇经纪要求的最低可用保证金比例为 1%。

当欧元兑美元汇率上升至 1.3600 时，选择 100∶1 杠杆比例和选择 20∶1 杠杆比例的交易利润分别是多少？

当欧元兑美元汇率下跌至 1.3400 时，选用上述两种杠杆比例的交易亏损比例分别是多少？

练习题答案

1 A

2 B

3 B

4 D

5 B

6 C

7 A

8 A

9 D

10 B

11 B

12 A

应用题答案

1. 计算点值

对于欧元兑美元来说，一个点为 0.0001。点值是以货币对中第二种货币为单位，25 万的持仓每点价值为 25 万× 0.0001=25 美元

对于澳元兑日圆来说，一个点为 0.01。点值是以货币对中第二种货币为单位，175,000 的持仓每点价值为 17,500× 0.01=1750 日圆

2.建仓

我们可以在 1.3600 位置设置止损。因此当欧元兑美元汇率升至 1.3600，这

个仓位会被自动平仓。

3. 设定止损

这笔交易的点值为 1000 日圆。

欧元兑日圆汇率为 1,611,000 欧元等价于 161,000 日圆。

因此我们应该在高于现价 161 点的位置设定止损位，即欧元兑日圆为 121.11 水平。

4. 技术分析

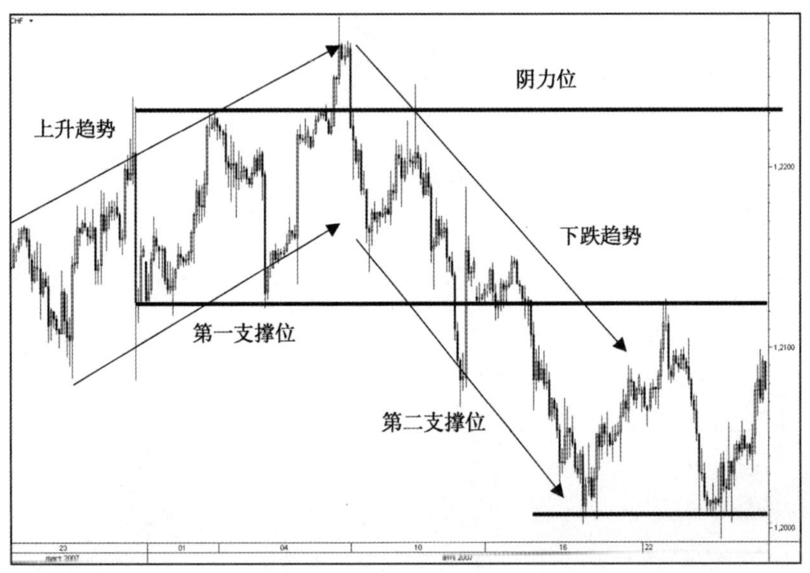

5.套息交易

卖空欧元兑美元是指卖出欧元,买入美元。我们以 3.75%的利率借入欧元并兑换成利率为 5.25%的美元。因此这笔交易的利息差为正,我们在这笔交易中赚取了套息利润。

6.选择杠杆比例

- 当我们选用 100:1 的杠杆比例时,我们能动用 100 万欧元资金。当汇率升至 1.3600 时,利润为 100 万× (1.3600-1.3500)=1 万美元。

当我们选用 20:1 的杠杆比例时,利润为 2000 美元。

- 当汇率跌至 1.3400 时,对于 100:1 的杠杆比例亏损为 1 万美元。然而这种情况不会发生,因为我们帐户上的可用保证金额要在持仓量的 1%以上(我们至少要有 1%×100 万=1 万美元的可用保证金)。当汇率跌至 1.3400 时,我们因为不能达到最低可用保证金要求而被强制平仓。

对于 20:1 的杠杆比例，亏损为 2000 美元，我们的账户上剩余 8507.46 欧元,符合最低可用保证金要求。

- 唯一可能的交易策略就是采用 20:1 的比例杠杆。虽然在盈利相对 100:1 的资金杠杆减少很多,但是这种策略能在汇率大幅下跌时避免被强制平仓的风险。杠杆比例越高,我们在面对汇率大幅波动时需要承受的风险就越大。

附录 4
外汇市场的历史

货币的历史可以追溯到古埃及时期(约公元前两千年),而货币之间的交易最早是伴随着中东的商品贸易发展而产生的。之后这种商业行为一直持续,直到中世纪(始于 11 世纪),十字军东征为货币交易带来了蓬勃发展。货币交易伴随着国际贸易的发展,促进了银行业的发展,促使国际货币交换券或支付单开始通行。直到 19 世纪初,英国工业飞速发展,跨国货币交易才真正开始出现。

A **金本位时代** 1816-1933

为了保证国际货币系统的稳定,一些国家相互达成协议并制定了以黄金价格为标准的货币系统。美国在 1858 年接纳英镑兑美元的平价制度,但直到 1879 年才开始采用金本位制。因为美洲和欧洲之间的交易通信电缆,这对外汇也被成为 cable。采用金本位制的每单位货币价值等同于若干重量的黄金,这种货币定价方式一直使用到 1914 年，当时英镑是世界上最“贵”的货币。

1914 年后，大部分金本位国家决定废除这种货币制度。这些国家的黄金储备因为外汇储备的增加而不断减少，结果导致银本位货币或其他制度的货币变得更多。加上第一次世界大战的影响，欧洲陷入了沉重的经济危机，逼使欧洲各国放弃金本位制度。

同一时期，美国开始崛起，并在“一战”期间取代英国成为当时世界第一强国。1913 年美联储成立，致力于为美国制定平稳的货币政策，为国家经济提供支持和健全了美国金融系统作为独立机构，美联储仍然或多或少地受到美国国会监管和美国总统的直接领导。美联储共计七名委员，其中包括一名主席（现任主席本伯南克，2006 年接任在位 19 年的格林斯潘）和一名副主席。

类似金本位的相对宽松货币系统在战后被建立（1922 热那亚金汇兑本位制）。但由于在两次战争期间国际贸易额的大幅下降和战后出现的大萧条，英国在 1931 年宣布脱离金本位制，1929 年股市暴跌 4 年之后，美国也跟随英国脱离金本位制。

1934 年起，各国为了保障国际交易安全，再度制定了国际货币制度。

B 布雷顿森林体系 1944-1973

新的国际货币制度在二次世界大战后才被建立。得益于充足的黄金储备，当时的美元是全球唯一能全数兑换成黄金的货币。新的制度为货币制定了定价方式：各国以黄金价格或以美元价格来定价（波动幅度上限仅为 1%）本国货币。因此，美元的价值在当时足以媲美黄金（as good as gold）。

为了确保各国遵守货币定价规定和推广布雷顿森林体系，国际货币基金组织在 1947 年成立。体系内的国家要保证本国拥有足够储备（黄金占 25%，本国货币占 75%），其数目由事先确定的配额决定。美国在国际货币基金组织中拥有 30%的份额，因此美国在布雷顿体系内有绝对的话语权（每项决议的通过需要超过 80%的支持率）。然而，这个体系直到 1958 年才开始正式运作。

当时美国利率较低,许多投资者因为更高的利率,选择投资欧洲资产,从而促进了欧元的发展。这种资金迁移为美国收支平衡带来连串问题并促使美元汇率逐步下跌。虽然各国为阻止美元贬值作出多次努力(包括 1961 年多国为控制美元贬值成立的黄金互助基金 Gold Pool),然而 20 世纪 60 年代爆发的全球经济危机逼使美国在 1971 年继续下调汇率。美元汇率继续下跌导致美元不能兑换黄金,以美元为基准货币的各国货币汇率波幅上限从 1%上调至 2.5%,布雷顿体系实际上已经崩溃。这些变化使《布雷顿条约》的内容在(Smithsonian)《史密斯索尼安协议》中被修改。然而美国经济持续低迷,1973 年的美元仍然面临高达 10%的跌幅。1973 年 3 月,布雷顿体系正式结束,浮动汇率时代拉开序幕。

C. 欧洲现代货币历史

20 世纪 70 年代初期浮动汇率制度雏形出现，引起欧洲经济共同体内一些国家对货币制度变化的忧虑。欧共体委员会在 1972 年 3 月 21 日决定维持欧共体内货币的窄幅波动幅度(蛇形汇率制度)。然而欧共体成员冲突不断,加上石油危机,美元贬值的影响,欧共体在 1978 年放弃了成立统一货币制度的想法。蛇形汇率制度在同年被欧洲货币制度取代。欧洲货币制度的建立有一系列目的:稳定汇率,降低通胀和为欧洲统一货币的过渡做准备(欧洲货币单位)——用汇率机制定价的一篮子货币。

欧洲货币制度的目的在于为欧洲经济及货币联盟做准备。1992 年 2 月 7 日,欧洲经济及货币联盟根据(Maastricht)《马斯特里赫特条约》成立。该组织为欧洲统一货币欧元的诞生而设,主要职责包括以下三个:

- 促进各国在货币上的合作,加速货币融合(1991-1994)。
- 成立欧洲货币研究院(1994-1999),促进各国中央银行的合作。
- 为加入欧元区的国家货币定价,成立欧洲中央银行(欧洲央行将继承欧洲经济及货币联盟),并为欧洲央行与各国央行制定货币政策。

欧洲统一货币在 1999 年诞生,但直到 2002 年 1 月 1 日才正式流通。欧元区目前有16个成员国(德国、奥地利、比利时、西班牙、芬兰、法国、希腊、意大利、爱尔兰、卢森堡、荷兰、葡萄牙、斯洛文尼亚、塞浦路斯、马耳他以及将在2009年1月1日加入的斯洛伐克),预计会在未来持续扩张,吸纳更多符合标准的欧盟国家(爱沙尼亚、匈牙利、拉脱维亚、立陶宛、波兰、捷克、保加利亚、罗马尼亚)。而英国,瑞典和丹麦是仅有的三个2004年前加入欧盟的非欧元区国家。

尽管历史短暂,欧元却是继美元后成交量最大的货币,欧元兑美元是在全球范围内是成交额最高的货币对。欧元也是目前唯一一个成功组合各国不同货币的成功例子。欧元的成功为其他新兴经济体(尤其是东南亚)提供统一货币的良好先例。更多统一货币的出现会减少外汇市场上的交易种类,降低波动性,更好地稳定世界货币体系。

附录 5
企业外汇掉期

对冲汇率风险

汇率波动对公司的流动资金有重要影响，因此管理汇率风险对每个公司都是至关重要的。

这部分内容并不涉及投机，因此被编排到附录中。

举例来说，一个法国制造商采购原材料并以美元支付，而在加工生产之后出厂产品在欧洲销售，并以欧元结算。因此欧元兑美元汇率会影响该企业的盈利情况。为了将例子简化，我们假设：该公司每年采购一次，每年年中结算。

假设每年公司要采购超过 2 百万美元的原材料：

- 年初欧元兑美元汇率为 1.3000
- 年中欧元兑美元汇率为 1.2000
- 欧元兑美元 6 个月外汇掉期汇率为 1.3500

- 6 月欧元兑美元期权(执行价 1.3300)价格为 3 万欧元

理论上,如果公司资金充足,可以有多种选择以最低的价格买入美元(即在欧元兑美元汇率最高时)。

第一种情况：公司在年初时兑换美元:200 万美元 /1.3000=1,538,500 欧元。在资金充足的情况下,公司能一次性兑换足够的美元,然而这样做公司就不能受益于未来欧元的升值。

第二种情况:公司在购买原材料时兑换美元。这种情况下公司要在支付前一直承受外汇风险,不能预先确定采购成本。这时候相同数量的原材料需要 200 万 /1.2000=1,666,700 欧元来购买。

第三种情况:公司决定在年初时用 6 个月远期来对冲外汇风险:200 万美元 /1.3500=1,481,500 欧元,因此原材料采购的费用为 1,481,500 欧元。

第四种情况:公司买入 6 月期权,执行价为 1.3300。公司所支付的期权溢价为 3 万欧元。

公司只有当接近支付日的汇率低于 1.3300 时才会执行这个期权。因此当欧元兑美元汇率上升时,期权溢价便变成公司一项额外支出。当公司执行期权时,总采购成本为:

200 万美元 /1.3300+3 万欧元 =1,533,800 欧元

从上述例子我们能看到原材料采购成本会大大影响到公司的业绩,因此控制外汇风险是至关重要的。

第一种情况是在年初立即兑换美元,这样做能避免外汇风险,然而在汇率上升时公司不能从中受益。第二种情况公司在年初至年中要一直承受外汇风险,无法控制原材料采购成本。最后两种情况公司能更好地控制支出,因此从财政角度上看这两种控制风险的方法更受企业欢迎。

附录 6
金融城交易员的一天

伦敦是世界最大的外汇交易中心。英国一直以来希望掌控英镑的走势，因为这个历史原因，所以外汇业务在伦敦金融城有着悠久的历史。虽然金融城里的交易员来自世界各地，但大部分英镑兑美元的交易员往往都是英国人。另外，英国所处的时区使得伦敦成为世界主要金融市场中承上启下的一个重要部分：金融城不仅能参与欧洲市场交易，还能参与亚洲市场交易（早上）和美国市场交易（伦敦时间 13 时开市）。

交易员助理这个职位几乎是每个交易员的必经之路。他们开始时的工作是协助交易员，为他们准备早餐和午餐。他们也要将交易员的非自动交易输入系统，完成记录工作（booker，记账员）。实际上，他们所作的都是非常繁琐，几乎没有人愿意做的工作。如果交易员助理工作做得出色，一年之后可能被上司赏识，并取得更多的信任。能够获得信任是交易员最重要的品质之一，决定了这些助理的晋升前景。成为初级交易员以后，可以在高级交易员休假时代其交易。之后他们会获得一个“账户”(book)，拥有这个账户代表了交易员正式开始交易，负责一个或几个外汇报价。

交易员的一天从清晨开始，他们在6点半就要到达交易室，打开电脑并连接各种系统，并参与早会(morning meeting)。交易活动在7点开始。他们主要任务是在一天内通过电脑或电话为客户提供外汇报价，交易对手可能是银行、企业或者基金。他们的目标是在每一笔交易中赚取利润。

我们假设有个交易员，他的名字叫约翰。我们现在就来看看约翰是怎样度过他的一天的。约翰的职责是为英镑兑美元提供报价。约翰所在银行的一个卖家打电话给他，说其中一个客户，一个英国大型基金向这个卖家询问两亿英镑兑美元的报价。John要在几秒之内向这个卖家迅速提供一个具有竞争力的价格，John要考虑以下几个问题：

- 根据这个客户的习惯，很有可能会卖出超过两亿英镑，因此，在交易时要格外留意市场对于这笔交易的反应。

- 上次这个客户询价时并没有交易，说明上次的报价吸引力不够。因此这次提供报价要更加小心。

- 这个客户明显已经向好几个银行询问过价格，因此，不仅要给出具有竞争力的价格外，还要考虑到其他银行已经知道市场上将会有超过两亿英镑兑美元的抛售。

- 约翰还要考虑根据目前的时间和财经消息推测目前市场的流动性：这笔交易很可能会影响到英镑兑美元的银行业买卖差价，甚至不能完全成交。约翰在客户致电的时候看到5百万英镑的交易令银行业买卖差价变动了2到3个点。

- 约翰也要考虑到自己持仓的英镑兑美元，因为作为英镑兑美元的交易员，他很可能持有英镑仓位。John还要为持仓的英镑找到下一个客户，或下一个英镑兑美元的交易员。

约翰从他的屏幕上看到：1.9567-1.9569，5 百万买方，5 百万卖方。考虑到上述问题后，约翰决定在客户的两亿英镑交易上收取 10 个点差。另外，约翰预期英镑汇率会上升，因此决定对自己的报价提供保护性措施，也就是明确表现出买方倾向。因此约翰报价 1.9567-1.9577。这样，如果客户不进行交易，那么说明客户也是买方位置，市场很可能会上行以便消化这笔可观的交易。而约翰到时也会跟进增持。如果情况相反，基金客户卖出英镑，对约翰来说，增持英镑也是个不错的结果，因为稍后市场上可能会出现另外一个有兴趣的买家。

附录 7
现汇交易的相关术语词汇

“Yours”/“Mine”/“Change”/“Your Risk”/“How now??”/“Nothing here”。当外汇交易员口头下单时，通常都不说“买”或者“卖”。为了避免产生误解，交易员在买 / 卖时通常说：yours（你的）和 mine（我的）。例如，当我们致电外汇经纪索要欧元兑美元报价时，他们会这样回答：1.3505 到 1.3509。如果我们要卖出欧元买入美元，我们可以说 yours（你的），然后接着说出我们要卖出的金额。当我们没有及时说出交易方向和金额时，外汇经纪可能会说“change”（改变），然后提供另一组报价，又或者会说“your risk”，这时候外汇价格变动了，之前的报价不再生效。因此我们要根据最新报价来交易。

由于外汇现货交易员每天都在说“yours”和“mine”，这成了他们的一种职业习惯，以至于他们在日常生活中也经常使用这些术语。假如我们遇到某些人，他们在想要某些东西的时候说 mine，拒绝某些东西的时候说 yours，这些人很可能在现货外汇交易室里工作过很长的一段时间。

外汇市场的三个金句：

“No pain no gain.”没有痛苦就没有收获。

“The trend is your friend.”顺势而为（趋势是你的朋友）。

“Once a dealer, always a dealer.”交易员是一生的职业（一日为交易员，一辈子为交易员）。

附录 8
投机行为对外汇市场的影响

外汇市场的投机者越来越多,单单个人投资者和对冲基金的交易就占总交易额的 35%,而超过 90%的交易都不是出于商业原因。货币首先是一种经济工具,因此,以货币为投机对象的交易员受到了许多的指责和引起广泛的争论:这些投机行为汇率制造了泡沫,使货币真正的价值无法获得正确的评估。

然而许多经济学家也肯定了这些投机行为:他们为市场提供了对冲机会,因为投机者会买入高风险资产,使得以对冲风险为目的的交易能够达成。其他学者则认为投机负面影响的根本原因源于外汇市场的不规范,而投机行为对外汇市场的影响并不是我们所认为的那么大。

证券市场普遍被人们认为是对经济活动具有正面意义,能够为企业募集资金,而融资能帮助企业扩大生产,带来更大的收益,为社会创造财富和创造就业。而在许多国家人们认为对货币进行投机,则是一种对社会有害的不良行为。

然而,这种看法并不准确:投资股票对公司来说是好事,然而这种行为也有许多坏处。由于投资股票完全以回报率为导向,投资者往往只会追捧回报率较高的项目,而那些同样具有升值潜力但回报率不如前者的项目无法获得青睐。事实上,一些回报率高的项目可能有时导致失业,或是牺牲大众的利益而使少数人致富。

而说到货币的投机,虽然这种现象有时候的确会为一个国家的经济带来极大的负面影响。由于投机行为,1992 年,瑞典中央银行在短短数天内将年利率上调 150%,随后令瑞典克朗大幅贬值。然而,货币投机也有正面例子,那些投机交易者,如 Gregory Millman,也为各国经济良好运行提供了正确的指引。事实上,在全球一体化的帮助下,金融从业员有越来越多的途径来得知各个经济区域的运作情况。对冲行为作为一种预警系统,提醒着各国处理财政赤字情况和制定更严厉的外汇监管措施,使政府对公共财政情况更警惕。

没有了投机行为的存在,一些政府领导人很可能在接近大选时推出损害经济增长的经济政策,从而增加自己的支持率。

附录 9
如何开始外汇交易?

全职外汇交易是一份梦寐以求的职业。我们只需要电脑和互联网,就能开始全职外汇交易。

除了能赚取更丰厚的报酬,全职交易还有以下好处:

- 没有上司,我们是自己的老板。
- 不需要再忍受办公室里的同事。
- 不需要再面对挑剔的客户。
- 工作地点随意:无论出游还是在家中都能随时随地工作。
- 工作时间随意:无论白天还是晚上只要我们想工作。
- 放假时间随意……
- 外汇市场能实现我们“以交易为生”的梦想。
- 相信大家对外汇市场有了足够认识,并清楚了解外汇市场的风险。向梦想进发之前,我们要确保拥有以下工具:高速互联网、专门用于交易的电脑、一到两个屏幕。

通过虚拟交易账户测试交易平台的稳定性和外汇经纪的服务质量。

然后申请外汇账户,最初的时间里用小量资金交易。获得稳定盈利后,我们可以逐步增加仓位。如果按照自己制定的投资方法在几个星期交易内持续获利的话,可以追加资金,放大交易量。

在重复这种有效的交易策略同时时刻牢记资金管理的原则。

最后,定期取出赚到的利润。

附录 10
外汇投资者的真实经历

Mathieu，22 岁，商校学生

“我在学校进修金融课程时对外汇交易产生兴趣。外汇市场的低门槛和趣味性吸引了我。另外，即使是一个学生，我也能在外汇市场通过少量资金来获得丰厚的回报。我用模拟交易帐户模拟操作了一个月后就基本掌握了外汇市场的基本运作方式，于是开始实际交易。当然我还没有因为外汇交易而暴富，但一切正在向好的方向发展，我已经实现了一些盈利。而且通过外汇交易，我学到了许多知识，对于我的学业也很有帮助。”

Isabelle，41 岁，家庭主妇

“外汇交易现在是我最佳的消遣方式！我身边的朋友都热衷于外汇交易，于是我也决定尝试一下。开始时我没有很认真地对待，偶尔看看汇率波动，随便地下几个单子。后来发现虚拟账户内的钱变多了，才发现我的直觉是比较准确的，于是我开始花更多时间关注外汇。我开始搜集资料，阅读财经报纸，那时如果有本专门的书就更好了！通过学习，我掌握了几个增加收益的小技巧。我丈夫还要求我帮他投资,因为他有一次看到我在短短几小时内就赚到了比他一个月薪水还要多的钱。我最近和一个朋友商量合资后,决定两个人联手操作一个新的外汇账户。”

Patrick,37 岁,企业家

“因为工作繁忙的关系,我没有时间来进行股票投资。另外证券市场的开放时间与我的工作时间也有冲突,我下班的时候都闭市了。我在一篇财经新闻中读到,自 1999 年市场泡沫爆破以来的外汇市场,尤其是在美国,吸引了越来越多的个人投资者。之后我偶然发现了一个提供 24 小时外汇线上交易的网站。出于好奇,我在这个网站开设了一个账户。一开始我觉得要在外汇市场上获得收益需要花费大量时间研究和投入大量资金。然而经纪告诉我,无论是职业投资者还是业余投资者都能在外汇市场获得回报。初期的投资并不顺利,我在一个月内亏损了 1/4 的资金。于是我再次找到外汇经纪,他给我提供了几个简单而有效的建议:集中做一些中线投资,将资金集中在 3 到 4 个货币对上。这些方法非常有效,我不仅将之前的亏损全部填平,还逐渐开始获利。”

Stephane,31 岁,体育老师

“外汇交易能促进我肾上腺素分泌。我喜欢冒险,无论获利还是亏损,我都对每一笔交易负全责。外汇交易非常适合我这种性格。我一开始的迷你账户内有 3000 美元,这个账户在一年间记录了无数次亏损和盈利。目前我的账户资金还是和刚开户时差不多,然而我并不在乎,因为我的原则是在不亏损的前提下获得快乐。这一年交易给我的经验是,要学会及时止损,不要绝望地等待市场的转向。这一切并不容易,我们要学会在亏损中找到获利的技巧。”

Michel,69 岁,退休人士

“我退休前一直从事金融业,为企业的海外业务对冲汇率风险。我可以说是外汇市场的常客了。外汇市场到目前为止经历了许多变化,我刚入行时,只有金融机构和一些企业才能在汇市交易,几乎没有外汇个人投资者。而证券市场在那时已经相当完善。现在的外汇交易工具非常齐全,只要按几下鼠标,每个投资者都能通过线上交易平台获得报价和交易。还有许多资讯来帮助投资分析：各种图表、财经日历、实时财经消息、技术指标等等。这些都是帮助我分析买入/卖出点的好工具。

我个人的外汇交易模式，就是收集各种信息。我投资非常谨慎，每次交易我都会进行透彻的分析。因为外汇市场是一个讲究投资者心理的市场，所以我交易时非常依赖技术分析，我的经验也验证了技术指标的有效性。我会在投资俱乐部里分享交易方法，然而最重要的始终是对自己的想法保持自信，万用的交易方法肯定是不存在的。我给汇市新人的投资建议是：在经济数据发表时交易，因为数据发表时市场波动迅速而且幅度大，顺势操作就能轻易快速地赚取利润。”

附录 11
外来货币及主要货币别称

A 外来货币表

货币名称	ISO 代码	备注
阿联酋迪拉姆	AED	跟美元挂钩
阿富汗尼	AFN	
阿尔巴尼亚列克	ALL	
亚美尼亚德拉姆	AMD	
荷属安的列斯盾	ANG	跟美元挂钩
安哥拉宽扎	AOA	
阿根廷比索	ARS	可通过 NDF 交易
阿鲁巴弗罗林	AWG	跟美元挂钩
阿塞拜疆马纳特	AZN	
波斯尼亚马克	BAM	
巴巴多斯元	BBD	
孟加拉塔卡	BDT	
保加利亚列弗	BGN	
巴林第纳尔	BHD	

布隆迪法郎	BIF	
百慕大元	BMD	跟美元挂钩
文莱元	BND	跟美元半挂钩
玻利维亚币	BOB	可通过 NDF 交易
巴西里尔	BRL	可通过 NDF 交易
巴哈马元	BSD	跟美元挂钩
不丹努尔特鲁姆	BTN	跟印度卢比挂钩
博茨瓦纳普拉	BWP	可通过 NDF 交易
白俄罗斯卢布	BYR	
伯利兹元	BZD	跟美元挂钩
刚果法郎	CDF	
瑞士法郎	CHF	
智利比索	CLP	可通过 NDF 交易
人民币	CNY	
哥伦比亚比索	COP	可通过 NDF 交易
哥斯达黎加科朗	CRC	
古巴可兑换比索	CUC	
古巴比索	CUP	
埃斯库多	CVE	
塞浦路斯镑	CYP	
捷克克朗	CZK	
吉布提法郎	DJF	
丹麦克朗	DKK	
多米尼加比索	DOP	
阿尔及利亚第纳尔	DZD	
爱沙尼亚伦尼	EEK	
埃及镑	EGP	可通过 NDF 交易
埃塞俄比亚比尔	ETB	属于欧洲货币汇率系统
欧元	EUR	
斐济元	FJD	
福克兰群岛镑	FKP	
英镑	GBP	
格鲁吉亚拉里	GEL	
加纳新赛地	GHS	

直布罗陀镑	GIP	
冈比亚达拉西	GMD	
几内亚法郎	GNF	
危地马拉查尔	GTQ	
圭亚那元	GYD	
港币	HKD	
洪都拉斯皮拉	HNL	
克罗地亚库纳	HRK	
海地古德	HTG	
匈牙利福林	HUF	
印度尼西亚卢比	IDR	可通过 NDF 交易
以色列新谢克尔	ILS	
印度卢比	INR	可通过 NDF 交易
伊拉克第纳尔	IQD	
伊朗里亚尔	IRR	受联合国制裁成为非流通货币
冰岛克朗	ISK	
牙买加元	JMD	
约旦第纳尔	JOD	
肯尼亚先令	KES	
吉尔吉斯斯坦索姆	KGS	
柬埔寨瑞尔	KHR	
科摩罗法郎	KMF	
南韩元	KPW	
北韩元	KRW	
科威特第纳尔	KWD	
开曼群岛元	KYD	
哈萨克斯坦腾格	KZT	
老挝基普	LAK	
黎巴嫩镑	LBP	
斯里兰卡卢比	LKR	
利比里亚元	LRD	
莱索托洛蒂	LSL	受联合国制裁成为非流通货币
立陶宛立特	LTL	跟南非南特挂钩
拉脱维亚拉特	LVL	属于欧洲货币汇率系统
利比亚第纳尔	LYD	

摩洛哥迪拉姆	MAD	受联合国制裁成为非流通货币
摩尔多瓦列伊	MDL	
马达加斯加阿里亚里	MGA	
马其顿第纳尔	MKD	
缅甸元	MMK	
蒙古图格里克	MNT	
澳门元	MOP	
毛里塔尼亚乌吉亚	MRO	跟港币挂钩
马耳他镑	MTL	
毛里求斯卢比	MUR	
马尔代夫拉菲亚	MVR	
马拉维克瓦查	MWK	
墨西哥比索	MXN	
马来西亚林吉特	MYR	
莫桑比克美提卡	MZN	可通过 NDF 交易
纳米比亚元	NAD	
尼日利亚奈拉	NGN	跟南非南特挂钩
尼加拉瓜科多巴	NIO	
挪威克朗	NOK	
尼泊尔卢比	NPR	
新西兰元	NZD	
阿曼里亚尔	OMR	
巴拿马巴波亚	PAB	
秘鲁新索尔	PEN	跟美元挂钩
巴布亚新几内亚基那	PGK	可通过 NDF 交易
菲律宾比索	PHP	
巴基斯坦卢比	PKR	可通过 NDF 交易
波兰兹罗提	PLN	
巴拉圭瓜尼	PYG	
卡塔尔里亚尔	QAR	
罗马尼亚塑胶币	RON	
塞尔维亚第纳尔	RSD	
俄罗斯卢布	RUB	
卢旺达法郎	RWF	

沙特里亚尔	SAR	
所罗门群岛元	SBD	
塞舌尔卢比	SCR	
苏丹第纳尔	SDG	
瑞典克朗	SEK	
新加坡元	SGD	
圣赫勒拿群岛镑	SHP	
斯洛文尼亚拉捷夫	SIT	
斯洛伐克克朗	SKK	
塞拉利昂利昂	SLL	
索马里先令	SOS	
苏里南元	SRD	
圣多美/普林西比	STD	
萨尔瓦多科朗	SVC	
叙利亚镑	SYP	可通过 NDF 交易
斯威士兰里兰吉尼	SZL	
泰铢	THB	跟南非南特挂钩
土库曼斯坦纳特	TMM	
突尼斯第纳尔	TND	
汤加潘加	TOP	
突尼斯新里拉	TRY	
特立尼达/多巴哥元	TTD	
台币	TWD	
坦桑尼亚先令	TZS	可通过 NDF 交易
乌克兰赫夫米	UAH	
乌干达先令	UGX	
乌拉圭比索	UYU	
委内瑞拉博利瓦	VEF	
越南盾	VND	可通过 NDF 交易
瓦努阿图瓦图	VUV	
萨摩亚塔拉	WST	
刚果中非共同体法郎	XAF	
东加勒比元	XCD	跟欧元挂钩
多哥非洲共同体法郎	XOF	

太平洋法兰西共同体法郎	XPF	跟欧元挂钩
也门里亚尔	YER	跟欧元挂钩
南非兰特	ZAR	
赞比亚克瓦查	ZMK	
津巴布韦元	ZWD	

B 主要货币别称

主要货币别称

代码	国家	货币	别称
USD	美国	Dollar	Buck
EUR	欧元区	Euro	Fiber
JPY	日本	Yen	Yen
GBP	英国	Pound	Cable （电缆）
CHF	瑞士	Franc	Swissy
CAD	加拿大	Dollar	Loonie
AUD	澳大利亚	Dollar	Aussie
NZD	新西兰	Dollar	Kiwi （猕猴桃）

附录 12
各种数据的计算方式

历史波动性

假设：

J： 每年工作日数(通常 J=252)

f： 采样频率(通常以一天为一个样本，即 f=1)

ri=in(Si+1/Si)：资产 N 的日回报率

r 的平均数 =(1/N)*(r1+r2+..+rN)：平均日回报率

Si：资产在第 i 天的历史价格(共计 N+1 个历史价格)

历史波动性为

$$= \sqrt{(J/f)}. \sqrt{[(1/(N-1)).\sum_{i=1}^{N}(r\,i - r\,moyen)\hat{}2]}$$

我们要根据情况选取样板数 N，通常选取 N=50

Black 和 scholes 模型　资产的价值变动模式

假设：

S=t 时刻的资产价格

dt= 单位时间

dS=t 到 t+dt 时期内价格的变动幅度

r= 期望回报率

σ = 标的物波动性

dz= 正态分布布朗运动参数，平均值为 0，方差为 dt

我们得到：

$dS/S=rdt+\sigma dz$

Merton 改进的 Black 和 Scholes 方程式

假设：

C= 认购期权溢价价格

P= 认沽期权溢价价格

S= 标的资产价格

K= 执行价

r= 无风险年利率

T= 期权执行时刻

t= 期权剩余时间

σ = 标的物收益率波动性

N(x)= 正态分布累积函数，与标的物收益率价格在 -∞ 和 x 间的可能性对应

我们得到

$$C(S,t) = SN(d_1) - Ke^{-r(T-t)}N(d_2)$$

$$P(S,t)=Ke^{-r(T-t)}-S+(SN(d_1)-Ke^{-r(T-t)}N(d_2))=Ke^{-r(T-t)}-S+C(S,t).$$

其中：

$$d_1=\frac{\ln(\frac{S}{K})+(r+\frac{\sigma^2}{2})(T-t)}{\sigma\sqrt{T-t}}$$
$$d_2=d_1-\sigma\sqrt{T-t}.$$

简单平均移动（MMS）

假设：

n= 统计期内天数

我们得到

MMS=(每天收盘价总合)/n

我们只能在前 n 个交易日的收盘价都有效时才能计算简单平均移动值。

指数平均移动（MME）

假设:

MMEn：第 n 日指数移动平均值

MMEn-1：第 n-1 日移动平均值

P1：当日收盘价权重

P2：100 P1

我们得到：

MMEn= 当日收盘价 *P1+MMEn-1*P2

动量指标

动量指标 =(当日收盘价 /n 日前收盘价)*100

相对强弱指标（RSI）

波动是指当前价格与上一个交易时段价格的差价。当这个差值为正时，我们把这个波动称为正波动;当这个差值为负时,我们称其为负波动。

假设:

U:n 个交易日内正波动平均值

U= 正波动总和 /n

D:n 个交易日内负波动平均值

D= 负波动总和 /n

我们得到:

RSI=100-[100/(1+U/D)]

枢轴点的计算方法

Pivot = (H + B + C) / 3

R1 = (2.Pivot) B

R2 = Pivot + (H B)

S1 = (2.Pivot) H

S2 = Pivot (H B)

S1 和 S2 代表两个支撑点

R1 和 R2 代表两个阻力位置

H:上一交易日的最高点

B:上一交易日的最低点

C:最新收盘价

由于外汇市场是不间断开放的,因此我们要根据情况选取单位区间。

远期外汇的计算方法

远期价格 = 现货价 *(1+ 第二种货币利率 * 天数 / 每年总天数)/(1+ 第一种货币利率 * 天数 / 每年总天数)

掉期利率点差 = 现货价 *(第二种货币利率 * 天数 / 每年总天数)/(1+ 第一种货币利率 * 天数 / 每年总天数)

远期价格 = 现货价 + 掉期利率

近似计算：

掉期利率 = 现货价 * 利率差 * 天数 / 每年总天数

大部分的货币远期价格会采用 360 天来计算利率。而英镑和主要英联邦国家货币会采用 365 天。因此在计算欧元兑英镑的远期时，我们要同时采用 360 天和 365 天。

外汇相关书籍

Day trading the currency market, Technical and fundamental strategies to profit from market swings, Kathy Lien, Wiley Trading, 2006.

Profiting with forex, The most effective tools and techniques for trading currencies, John Jagerson and Wade Hansen, McGraw-Hill, 2006.

Market Wizard et The New Market Wizards, conversations with Americas TopTraders, Jack D Schwager, John Wiley & Sons, 2006.

Forex made easy, 6 ways to trade the Dollar, James Dick, McGraw-Hill, 2004.

Technical analysis of the currency market, classic techniques for profiting from Market swings and trader sentiment, Boris Schlossberg, John Wiley & Sons, 2006.

Mastering Financial Calculations, A step by step guide to the mathematics of financial market instruments, Robert Steiner, Prentice Hall, 1999.

International financial Management, Jeff Madura, South-Western, 2000.

Les options exotiques, Concepts et Applications, Jacques Boissonnade, Eska, 2000.

Options, Futures and Other Derivatives, John C.Hull, Prentice Hall, 2000.

International Investment, Bruno Solnik, Addison-Wesley, 2000.

Financial Management, Theory and practice, Eugene F. Brigham et Michael C. Ehrhardt, Harcourt, 2002.

外汇专业杂志：

e-forex

FX MM

FX Week

外汇专业网站

www.saxobanque.fr

法国境内唯一一个获得牌照的外汇经纪的官方网站。除了外汇交易服务，盛宝银行还提供 CFD、期货、证券和远期交易服务。只需要开设一个账户，客户就能交易超过 16000 种金融产品。盛宝银行还为客户提供各种教程、交易提示和免费外汇分析。我们可以在网站上下载交易平台并免费注册模拟帐号。

www.cambiste.com

这是一个齐全的专业外汇专业网站，上面有大量外汇信息和资源。

www.fxeo.com

本书的官方网站。我们能在这个网站上向本书作者提出问题。

devises.latribune.fr

La Tribune(法国主流报纸)的外汇专业网站。该网站提供大量技术分析、实时资讯,我们能通过浏览上面的专业分析评论获得外汇市场的第一手资料。

www.pro-at.com

这个网站提供所有交易资讯:外汇、CFD、股票、期货等等。网站上有各种教程帮助我们进行技术分析。

www.saxoeducation.com

这个网站提供专业的外汇交易教程。我们能在上面找到最有效的交易策略,无论是初学者还是专业人士,都能在上面找到有用的资料。

www.forextrading.com

全面的英语外汇网站。提供更多的进阶外汇交易技巧。

www.waldata.fr

提供股票技术分析软件。

词汇表

股票 / 证券

股票代表有限责任公司的资本。股票不存在限期,股东要承担企业所有的风险。当公司运作良好时,股东能从中受益。股东能通过股票所附带的投票权来参与公司的管理。

技术分析

技术分析是指对金融资产价格或外汇市场中货币汇率的分析,旨在运用技术指标或趋势分析找出买入/卖出点进行交易。

追加保证金

当投资者账户内可用资金低于持仓所需最低保证金额时,外汇经纪会要求这个客户追加保证金。客户也可以通过平仓来达到可用保证金的最低水平。

升值/汇率上升

汇率的升值是被直接标价的货币相对于被间接标价的货币价值上升。

套利

套利是指在一个市场买入一种金融资产或货币的同时在另一个市场卖空同一种金融资产或货币,从而通过两个市场上的买卖差价获取利润。

买入价(Ask)

买入价是指我们能买入某种产品的价格。交易员也将买入价称为买方要价,即卖家所能接受的最低价格。

后台(Back office)

后台是执行行政任务人员的总称。这个部门用于确保机构的正常运作,不直接参与交易。

中央银行

中央银行是受一个或多个国家委托负责监管货币发行、监督银行业运作、制定主要货币政策和国家重组的机构。

低点

某时段内最低的收盘价。

ECB

欧洲中央银行缩写

熊(Bear)

“熊”是指市场普遍预期下跌。“熊市”(bear market)是指市场持续下跌,没有回升迹象。

卖出价(Bid)

卖出价是指我们能卖出某种产品的价格。交易员也将买入价称为卖方报价,即买家所能接受的最高价格。

Bid/Ask Rate 买 / 卖价

卖价(Bid rate)是投资者可以卖出外汇的最高价,买入价(Ask rate)是投资者可以买入外汇的最低价。

BoE

英格兰银行缩写

BoJ

日本银行缩写

Book

职业交易员的所有持仓统称。

牛(bull)

"牛"是指市场普遍预期上升。"牛市"(bull market)是指市场持续上升,没有回调迹象。

Cable

英镑兑美元的外号。因英国与美国之间的越洋通信电缆而得此称谓。

外汇经纪

外汇市场职业参与者。

跌穿低点

跌破低点是指跌破支撑位,是下跌趋势延续的信号。

突破高点

突破高点是指超越阻力位,是上升趋势延续的信号。

直接标价

货币对中的第一个货币被直接标价。例如欧元兑美元中欧元被直接标价。被直接标价的货币价格是用另一个货币的数量来衡量。

ISO 代码

国际认证机构给予每种货币的代码。例子:新西兰元的ISO代码为NZD。

图表分析主义者

图表分析主义者是指信奉并依靠图表分析找出投资机会的投资者。图表分析属于技术分析的一种。

交易对手

交易对手是指承接我们买盘或卖盘的机构。这种机构被称作庄家。庄家通过银行业市场交易对冲这些接盘行为。

兑换价值

兑换价值是指某一数量的某货币兑换成主要货币的价值。

相关性

当两种金融产品价格走势相似或相对时，这两种金融产品价格具有相关性。

汇率

汇率是指两个货币之间的相对价格。外汇市场上自由流通的外汇交易是指现货交易,这些交易的起息日都是当天,而远期交易的起息日是T+2。外汇制度有以下几种:一种是浮动汇率制度,由市场为该国货币定价;另一种是半固定汇率制度,国家会为该国货币确定固定汇率,允许汇率在一定的窄幅波动。这种制度能降低投机活动导致的货币升值/贬值影响;最后一种是固定汇率制度,政府或中央银行决定该国货币汇率水平。

外汇经纪(Forex Broker)

外汇经纪作为外汇市场中介机构,为机构和个人投资者提供进入市场的渠道。

对冲(hedge)

对冲是降低持仓风险的交易方法，通常与我们建仓方向相反但交易量相同:例如在买入英镑兑美元现货时卖出英镑兑美元的认购期权。

爬行挂钩制度

爬行挂钩制度是指汇率围绕一个固定水平窄幅波动的汇率制度。

货币对

当投资者交易某个货币对时，他在买入某种货币的同时卖出另一种货币。由两种货币组成一个货币对。例如,欧元 / 美元

货币对价格

两种货币之间的汇率

日内交易

日内交易是指在一个交易日内完成建仓和平仓的交易。

起息日

起息日是指货币被实际交付的日期。外汇市场的起息日是 T+2 个工作日。除了套息交易行为,起息日对投资者并不重要。

内线交易

内线交易是指某些投资者通过汇市从业人员提早地获得市场内幕消息,并利用这些信息不合法的取得收益的交易行为。

贬值

货币的贬值是当该货币被直接标价时汇率下跌。

下调汇率

下调汇率是中央银行的调控手段,用于下调该国货币相对其他国家货币的价格。

基准货币

基准货币是指交易时买入或卖出的货币(例如欧元在欧元兑美元时为基准货币),因此基准货币被直接标价。

参照货币

参照货币是指交易时与基准货币买卖方向相反的货币(例如美元在欧元兑美元时为参照货币),因此参照货币被间接标价。

资金杠杆

投资者能通过资金杠杆调用比自有资金更多的金额来投资。

外来货币

外来货币是指外汇市场上非主流的货币。大部分外汇货币的波动性大，流动性低。

美联储(Fed)

美国联邦储备局是美国制定货币政策的机构。在世界范围内有强大影响力。

持平(Flat/Square)

持平是指同时持有两个产品种类、数量相同，方向相反的仓位。

基本指标

基本指标是指国家或经济体的经济数据。

远期

远期是指根据利率差计算的外汇远期合同价格。

期货

期货合同持有者能在未来既定时刻以既定的价格交割既定数量的既定标的物。

前台(Front Office)

Front Office 是直接参与市场交易的人员总称。

外汇市场 / 汇市

外汇市场指以货币为商品的交易市场。例如以 15025 美元买入 10000 英镑，或以 10000 英镑卖出 15025 美元。

间接标价

货币对中的第二个货币被间接标价。被间接标价的货币数量衡量被直接标价的货币。

领先指标

领先指标为预测未来价格波动趋势提供依据。

通货膨胀

通货膨胀指商品和服务价格上涨的幅度。

利率差(Interest rate differential)

利率差是指两个货币利率差之间的差值。

CPI

消费者物价指数的缩写。

LIBOR

伦敦银行隔夜拆息率的缩写。银行之间隔夜借贷息率。

做多

买入基准货币的仓位。

(一)手

市场上最低交易单位。如果一手价值为5000欧元，十手则价值50000欧元。

流动性

流动性用于衡量金融资产转换成现金的能力。例如,短期国债具有较高流通性。具有高流通性的市场交易活动频繁,能够满足投资者达成买/卖需求。

主要货币

外汇市场有7种主要货币:美元、欧元、日圆、英镑、瑞士法郎、加拿大元、澳元。

风险管理

风险管理是指投资者预测并控制每笔交易的盈利和亏损。风险管理有几个步骤:首先要分析和理解交易的目的、所承受的风险以及为保证资产价值所需要对冲的风险额度，以及识别可能影响交易结果的因素和如何应对突发状况。风险管理还包括选取对冲风险的金融产品和制定针对性的对冲策略。一旦我们采用了风险对冲策略,就要时刻衡量回报/风险率和成本。

保证金

保证金是指建仓的最低金额,也是未来收益的基础。

按市值计价(mark to market)

指通过对比初始成本价和市场价格,以市场价来衡量金融资产的价格的计价方法。

造市商(庄家)

造市商(庄家)为一系列金融资产提供买卖报价。

中台(Middle Office)

连接前台(Front Office)和后台(Back Office)的部门。

次要货币

7 种主要货币之外成交量最大的货币统称。

面值

基准货币的投资数额。

纽约证交所(New York Stock Exchange,NYSE)

纽约证交所为经纪提供相互协议市场和纽约证券市场挂牌的股票和金融产品的实时报价。

持仓

持仓指账户持有某种货币,仓位未被清算或平仓。例如买入 10 万美元兑日圆,在卖出这 10 万美元兑日圆前一直持仓美元兑日圆。

银行业市场交易

这种交易是银行间的短期借贷,与银行和客户或银行和其他金融机构的关系相对。

限价定单

限价定单是指在价格达到一定预期水平 (买入定单的目标价低于现价,卖出订单的目标价高于现价)时自动执行的订单。限价平仓订单是用于平仓的限价订单。

止损订单

止损订单是指在价格达到一定预期水平（买入定单的目标价高于现价，卖出订单的目标价低于现价）时自动执行的订单。限价平仓定单是用于平仓的止损订单。

场外交易（Over the counter）

场外交易是指机构或个人之间的直接谈判达成的协议。与交易所交易相对。

隔夜(持仓)

隔夜是指持仓超过一个交易日（在收盘后继续持仓）。由于外汇市场不间断开放，隔夜（持仓）值在隔夜利息计息点后继续持仓。

挂钩

挂钩意为固定、稳定，在汇率制度上是指紧紧跟随某国货币汇率波动。

点

点是汇率的最小波动单位。交易过程中我们常常能听到买卖差价为 3 点。这个买卖差价是指卖出价和买入价的差值。例如欧元兑美元的卖出价为 1.3300，而买入价为 1.3303，我们就说欧元兑美元现时的买卖差价为 3 个点。

盈亏平衡点（breakeven）

盈亏平衡点是指在这个价位上执行交易既不亏损，也不盈利。

仓位

汇市，期货的交易员经常说的建仓，其实就是指买入 / 卖出某个货币。

期权执行价（strike）

执行价是指期权持有人有权以这个价格买入 / 卖出标的资产。

最小单位

最小单位是指交易对象的最小单位。大部分货币的最小单位为 1，主要货币之中，只有日圆的最小单位为 100。

波动范围

波动范围是指汇率在某时段内最高点与最低点之间波动的范围。

重新估值

某国货币在中央银行的干预下会被重新估值，通常会导致货币升值。

期货升水

期货升水是指期货价格高于现货价格。

阻力

阻力线是一条连续的曲线，连接了各个时期的最高点。价格运行到阻力位上会遇到阻力，卖家会制造抛压。

隔夜利息计息点

隔夜利息计息点是指因隔夜持仓而获得或支付利息的时间点（继续持仓的计算点）。

黄牛（交易者）

通过汇率小幅波动反复交易赚取小量利润的交易方式。

做空

卖出某种基准汇币

滑移

投资者所希望的交易被执行时的汇率价格和实际交易时汇率价格之间的差值标的物

期货

期权，认购权所指向的金融资产或证券。

投机

投机是指期望通过买卖赚取差价，而不是为了真正的经营活动需要。

现货

现货价是指目前 T+2 个工作日的交割价格。

现货市场

现货市场是指即时成交的交易市场。

买卖差价

买卖差价是指买入价和卖出价之间的差值。

支撑

阻力线是一条连续的曲线,连接了各个时期的最低点。价格运行到支撑位上会受到买方支持,使价格不再继续下跌。

外汇交互合同

外汇交互合同是指进行现货交易的同时反向交易同等数量的同种货币期货。

波动性

波动性是衡量金融资产不稳定性的指标,是量化风险回报率和金融产品价格的参数。

成交额

某时段内某种金融产品或整个市场的所有订单成交额。

外汇日内交易与波段交易

(外汇交易界殿堂级经典，全球外汇经纪商与交易机构首选教材，Amazon 外汇类图书全球累计销量第一名)

- 书名：外汇日内交易与波段交易
- 作者：凯茜·莲恩
- 译者：魏强斌、文子
- 出版社：山西人民出版社
  页码：328
  出版日期：2012 年 3 月
  版次：1 版
  开本：16 开
- 定价：49.80 元
- ISBN：978-7-203-07240-9

国内外汇交易专家魏强斌先生翻译推荐！
更新基本面分析策略
介绍最新趋势、数据、策略和对冲基金交易技术
增加统计分析、交易消息、市场转折择时定位、捕捉汇价动能、
外汇市场季节性效应、主要货币对活跃时段和相应驱动因素等崭新技术

媒体赞誉

“我认为这是我读过的最好的外汇书籍之一。不仅初入外汇市场的新手应该学习，经验丰富的专业交易员也值得一读。我一定会把这本书放在我的书桌上以便随时参考。这本书简单易读且极具学习价值。事实上，我希望当我刚接触外汇交易的时候，凯茜的这本书就已出版了。这样就可以不用为阅读了那么多无趣又无用的书感到痛苦，也可以节约大量艰难学习的时间。我期盼着凯茜的其它书籍出版。”

——法鲁克·穆扎米勒（Farooq Muzammal）MAREX 资本公司外汇部主管

“对所有外汇交易者来说，凯茜的书都是不可或缺的，无论是专业交易员还是新手。这本书不仅讲解了可以让你全面深入了解外汇交易的基本原理，也提供了大量基本面和技术面的策略……我猜想很多交易者将会在今后很多年里一直把本书放在身边。”

——艾迪·关（Eddie Kwong）Tradingmarkets. com 执行副总裁/首席编辑

作者简介

凯茜·莲恩（Kathy Lien）是 GFT Forex 公司的货币分析总监。她负责提供研究和分析，包括技术面和基本面的研究报告、市场评论、和交易策略。莲恩曾为《活跃交易者》、《期货》、《SFO》杂志撰写文章，并经常被亚太财经频道(CNBC)、彭博通讯社（Bloomberg）、福克斯商业频道（Fox Business）和路透社（Reuters）引用。她也是本书第一版《外汇市场即日交易》和《百万富翁交易者》的作者。

外汇制胜之道：趋势交易与震荡交易技术

（全球最受欢迎外汇专家 Ed Ponsi 艾德·蓬西作品）

- 书　　名：外汇制胜之道
- 副 书 名：趋势交易与震荡交易技术
- 作　　者：艾德·蓬西
- 译　　者：魏强斌 文子
- 出 版 社：山西人民出版社

　页　　码：260
　出版日期：2013 年 2 月
　版　　次：1 版
　开　　本：16 开

- 定　　价：39. 80 元
- I S B N ：978-7-203-07858-6

编辑推荐

全球最受欢迎外汇教学节目“跟艾德·蓬西做外汇交易”主讲人
“外汇交易界摇滚巨星”艾德·蓬西超级畅销书
基于真实行情的交易策略配以超过 160 幅图表
告诉您何时入场、何时出场以及如何管理交易

介绍趋势交易与震荡交易的最优策略
包括时间框架策略、FX-ED 趋势技术、终极指标、日内突破交易
波动率收敛策略、整数点位震荡策略、利差优势交易策略、区间回归交易策略…
探讨博弈论在外汇交易中的运用
阐释成功交易行为模式与交易心理

作者简介

艾德·蓬西（Ed Ponsi）是 FXEducator. com 的总裁，曾做过 Forex Capital Markets（FXCM）的首席交易导师。定期为网站 FXStreet. com、TradingMarkets. com 和杂志《SFO》撰稿，并多次出现在电视、电台、网络和出版物中。艾德直截了当、倜傥不羁的举止和风度使他获得了“外汇交易界的摇滚巨星”的绰号。

蓬西还是全球最受欢迎外汇 DVD 系列《跟艾德·蓬西做外汇交易》的主讲人。